3 Check!

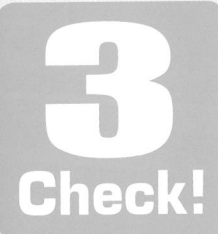

골프 자기 진단

오치 토시히로 지음 | 차병기 옮김

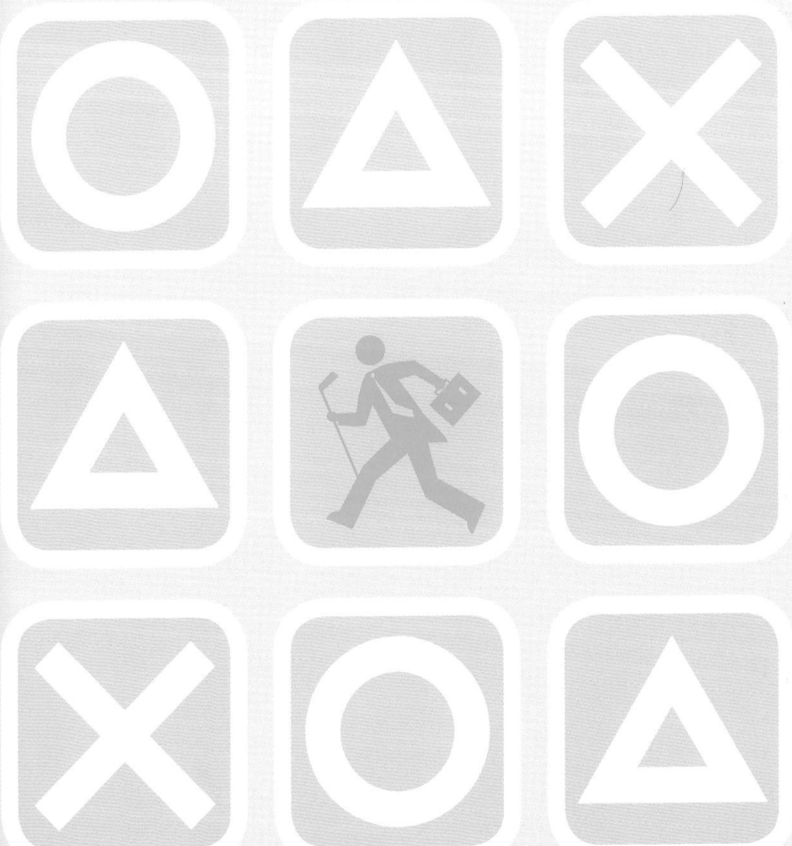

고려닷컴

머리말

●

저자는 현재 주니어에서 시니어 골퍼에 이르기까지 다양한 계층의 골퍼들을 대상으로 일주일에 약 200명, 골프 스윙을 중심으로 코스 전략, 멘탈에 대한 레슨을 하고 있습니다.

레슨 회원을 비롯한 아마추어 골퍼들의 공통점이 골프에 대한 강한 열정과 언제나 진지한 태도로 연습에 임하는 것이라고 생각하며, 가끔씩은 너무 연습에 진지한 나머지 오히려 슬럼프에 빠지는 장면을 목격하기도 합니다.

이 책은 퀴즈 형식으로 구성된 골프 자기 진단서입니다. 자택, 사무실, 연습장, 코스 등에서 시간이 날 때마다 퀴즈를 풀어본다는 가벼운 마음으로 책의 각 문제를 접하면서 자신의 스윙과 골프 이론에 대한 분석을 하길 바랍니다. 그리고 지금까지 오해하고 있었던 부분에 대해서는 수정할 수 있는 기회가 되고, 바르게 이해하고 있었던 부분에 대해서는 자신감을 가지길 바라며, 앞으로의 즐거운 골프 생활에 이 책이 보탬이 되었으면 하는 바람입니다.

오치 토시히로

목차
CONTENTS

Chapter 1

연습장편

01 왼손 그립
왼손의 너클이 몇 개 보이는가? 015

02 오른손 그립
오른손의 엄지와 검지 사이의 Y자가 어디를 가리키는가? 017

03 그립 악력
그립을 쥘 때 힘의 세기는? 019

04 상체의 각도
어드레스 상태에서 머리는 몇 시를 가리키는가? 021

05 그립 위치
어드레스 상태에서 그립 위치는? 023

06 샤프트의 기울기
어드레스 상태에서 그립 엔드의 방향은? 025

07 스탠스 폭
드라이버 샷에서 스탠스 폭은? 027

08 체중 배분
드라이버 샷에서 체중 배분은? 029

골프 자기 진단

09 스윙 축
미들 아이언 샷에서 볼의 어느 쪽을 보는가? ········· **031**

10 볼의 위치
드라이버 샷에서는 볼을 어디에 놓는가? ········· **033**

11 테이크 백의 위치
테이크 백은 몇 시를 가리키는가? ········· **035**

12 테이크 백의 방향
테이크 백이 끝난 뒤 클럽을 들어 올릴 때 리딩 에지의 방향은? ········· **037**

13 코킹과 릴리스
오른손만으로 웨지를 다루면? ········· **039**

14 스윙 밸런스
양발을 모은 자세에서 웨지를 다루면? ········· **041**

15 비하인드 더 볼
드라이버 샷의 임팩트 때 볼 후방의 경치는? ········· **043**

16 체중 이동
피니시 후 왼발만으로 자세를 유지할 수 있는가? ········· **045**

17 왼쪽 벽
왼쪽 벽에 대한 이미지는? ········· **047**

18 보디 턴
보디 턴에 대한 이미지는? ········· **049**

목차

19 미스 샷
토핑이나 뒤땅 등의 미스 샷을 연발할 때는? ····· 051

20 백스윙
백스윙에서 팔을 들어 올리는 방법은? ····· 053

21 풀 샷
미들 아이언의 풀 샷은 몇 시를 가리키는가? ····· 055

22 구질
슬라이스나 훅이 계속 날 때는? ····· 057

23 연습의 효과
오랜만에 라운드할 때, 당신은 어떤 타입에 속하는가? ····· 059

24 집중력
누군가가 자신의 스윙을 보고 있을 때, 당신은 어떤 타입에 속하는가? ··· 061

25 팁
우연히 팁을 듣게 되었을 때, 당신은 어떤 타입에 속하는가? ····· 063

26 연습량
연습 종반에 미스 샷이 연발로 나온다면, 당신은 어떤 타입에 속하는가? 065

27 마지막 볼
연습의 마지막 볼이 미스 샷이라면, 당신은 어떤 타입에 속하는가? ····· 067

28 스트레칭
연습 후의 스트레칭은 언제 하는가? ····· 069

29 왼손의 굳은살
어느 부분에 굳은살이 있는가? ··· **071**

30 장갑
당신의 장갑은? ··· **073**

31 신발
스윙 밸런스를 익힐 때 좋은 신발은? ································· **075**

32 클럽 선택
"클럽을 바꾸는 것이 어때?"란 조언을 들었을 때, 당신의 반응은? ········· **077**

Chapter 2

코스편

33 어드레스 전 확인 사항
티 오프하기 전에 가장 먼저 확인해야 할 사항은? ············ **081**

34 샷의 우선순위
샷의 우선순위는? ·· **083**

35 파3홀의 티샷
당신의 파3홀의 티샷은? ··· **085**

36 경사지에서의 스탠스
발가락 쪽 경사가 낮은 곳에서의 스탠스는? ····················· **087**

목차

37 라운드 중 주의사항
라운드 중에 가장 주의해야 할 사항은? ········· 089

38 미스 샷이 계속 날 때
토핑이나 뒤땅 등의 미스 샷이 계속 날 때는? ········· 091

39 생크가 날 때
생크가 나면? ········· 093

40 페어웨이 벙커
1500야드 떨어진 그린을 공략할 수 있는 상태는? ········· 095

41 퍼팅에서의 우선순위
퍼팅에서의 우선순위는? ········· 097

42 라운드 중 대기 장소
동반 경기자가 어드레스에 들어갔을 때, 자신의 대기 장소는? ········· 099

43 샷 순서
바른 샷의 순서는? ········· 101

44 제한 시간
샷 하기까지의 제한 시간은? ········· 103

45 스코어 기입 장소
어느 지점에서 스코어를 기입하는가? ········· 105

46 스코어 기입 방법
파5홀에서 3온 3퍼트 하였을 때, 바른 스코어 기입 방법은? ········· 107

47 어드바이스
어떤 클럽을 선택해야 할지 망설여질 때는? ······················· **109**

48 분실구
분실구에 대한 바른 처치는? ······························· **111**

49 볼에 닿았을 때
벌타에 해당하는 것은? ································ **113**

50 볼이 저절로 움직였을 때
벌타에 해당하는 것은? ································ **115**

51 볼이 무언가에 맞았을 때
벌타에 해당하는 것은? ································ **117**

52 벙커
벙커에서 벌타에 해당하는 것은? ··························· **119**

53 홀인했을 때
그린 위에서 홀인했을 때, 벌타에 해당하는 것은? ···················· **121**

54 마크
마커로 사용할 수 있는 것은? ····························· **123**

55 미스 샷이 났을 때
첫 홀, 첫 타에서 미스 샷이 났을 때, 당신의 반응은? ················· **125**

56 미스 샷에 대한 압박감
압박감을 가장 심하게 느껴야하는 상황은? ······················ **127**

목차

57 거리에 대한 압박감
압박감을 가장 심하게 느껴야하는 상황은? ·· **129**

58 퍼팅의 압박감
1미터 버디 찬스에서 생각해야 할 것은? ·· **131**

59 동반 경기자
좋은 스코어를 내는 데 도움이 되는 동반 경기자는? ························· **133**

60 백스핀
볼에 백스핀을 걸기 위한 조건은? ·· **135**

61 복장
의상을 선택할 때 가장 먼저 고려해야 할 것은? ································ **137**

62 수분 보충
여름철 라운드 후반에 최적인 음료수는? ·· **139**

63 영양 보충
라운드가 남아 있을 때의 최적의 점심 메뉴는? ································ **141**

Chapter 3

자택편

64 어깨 근육, 어깨 관절의 유연성
어깨 회전을 좋게 하는 스트레칭은? ··· **145**

골프 자기 진단

65 비거리 향상을 위한 트레이닝
비거리 향상에 가장 효과적인 트레이닝은? ····· **147**

66 스윙 축
머리를 벽에 댄 상태에서 섀도 스윙을 하면? ····· **149**

67 몸의 회전
엉덩이를 벽에 댄 상태에서 섀도 스윙을 하면? ····· **151**

68 다운 스윙의 시작
거울에 비친 임팩트 때의 배꼽의 위치는? ····· **153**

69 팔 사용법
양손의 간격을 띄운 상태에서 수건을 잡고 임팩트 동작까지 했을 때 수건의 상태는? ····· **155**

70 테이크 백의 궤도
손전등을 잡은 채 테이크 백을 하면? ····· **157**

71 다운 스윙의 궤도
손전등을 잡은 채 다운 스윙을 하면? ····· **159**

72 퍼팅
두 개의 볼을 동시에 퍼팅하면? ····· **161**

골프 용어 ····· **163**

《골프 자기 진단》 사용법

먼저 퀴즈를 읽고, 세 가지 선택(A, B, C) 사항 중 하나를 고른 후,
다음 페이지로 넘겨 확인한다.
정답과 오답을 본인이 직접 알아보는 골프 자기 진단서!

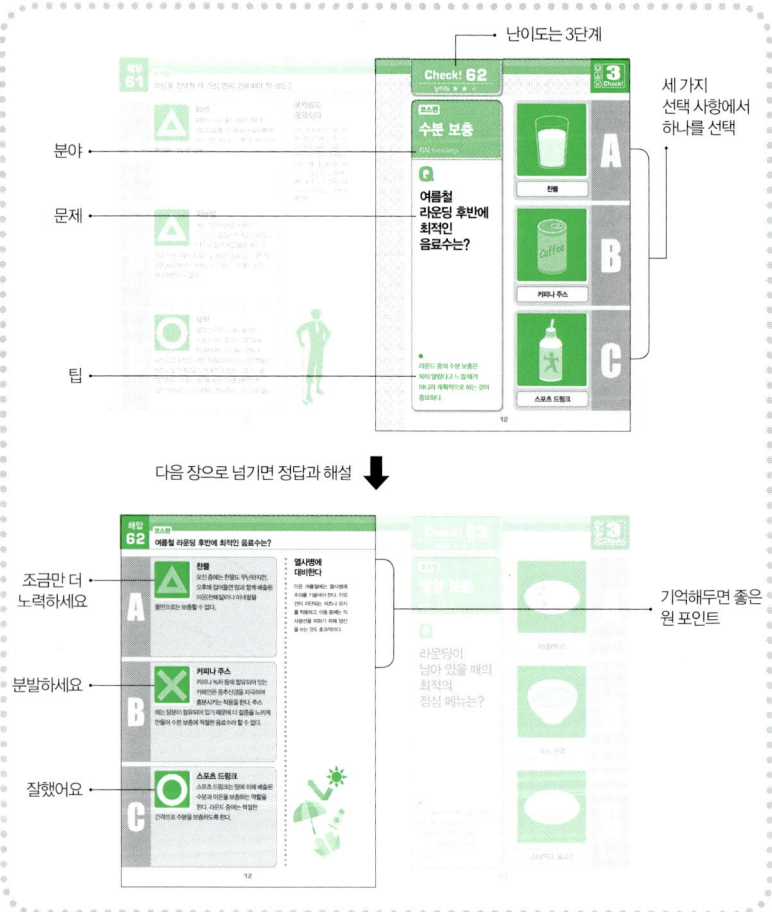

Chapter 1

연습장편

Check! 01
난이도 ★ ★ ★

연습장편
왼손 그립
어드레스 Address

Q
왼손의 너클이 몇 개 보이는가?

1개

A

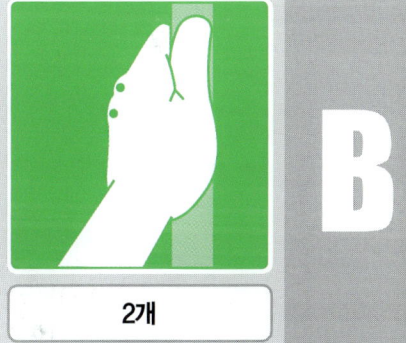

2개

B

3개

C

●
그립을 잡는 법은 그립을 잡는 왼손의 위치에 따라 스퀘어 그립, 훅 그립, 슬라이스 그립의 세 종류로 나눌 수 있으며, 그 중 스퀘어 그립이 가장 표준적인 방법이다.

해답 01 연습장편
왼손의 너클이 몇 개 보이는가?

1개
느슨하게 그립을 잡는 슬라이스 그립이며, 임팩트 때 그립이 느슨해지기 쉬우므로 클럽 페이스가 열리기 쉽다. (페이스가 오른쪽을 향함)

2개
스퀘어 그립을 취하면 왼손 너클이 2개 보이며, 엄지와 검지 사이의 Y자가 오른쪽 어깨를 가리키게 된다. 이 그립으로 스윙을 하면 클럽 페이스가 어드레스 때 취했던 방향으로 (원위치로) 돌아오기 쉽다. 피니시할 때까지 약지의 악력을 바꾸지 않으면서 스윙을 하는 것이 중요한 포인트다.

3개
깊게 그립을 잡는 훅 그립이다. 훅 그립은 임팩트 시 클럽 페이스가 닫히기 쉬우나 (페이스가 왼쪽을 향함), 여성 또는 힘이 약한 골퍼에게는 권장하고 싶은 그립이다.

왼손 그립 잡는 법

① 상체를 고관절(골반과 대퇴골을 잇는 관절)을 중심으로 30° 정도 앞으로 숙인다.
② 양팔을 힘을 뺀 상태에서 수직으로 내린다. (양 허벅지 앞으로)
③ 왼손의 방향과 위치를 바꾸지 않은 상태에서, 오른손을 왼손 쪽으로 가져간다. 이 때 왼손을 움직이지 않는 것이 중요한 포인트다.

Check! 02
난이도 ★ ★ ★

연습장편
오른손 그립
어드레스 Address

Q

오른손의 엄지와 검지 사이의 Y자가 어디를 가리키는가?

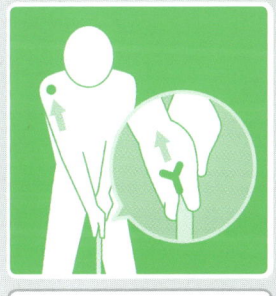
오른쪽 어깨 — A

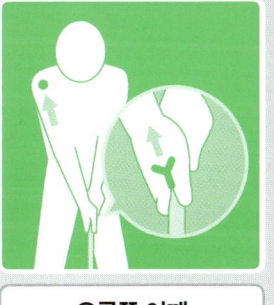
오른쪽 목 — B

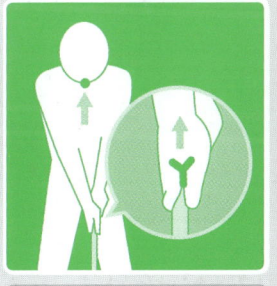
턱 — C

●
스퀘어 그립에서는 왼손뿐만 아니라 오른손의 잡는 법도 중요하다.

해답 02 — 연습장편
오른손의 엄지와 검지 사이의 Y자가 어디를 가리키는가?

A

오른쪽 어깨
오른쪽 어깨를 가리키는 경우는 느슨하게 그립을 잡았다는 증거다. 이 상태에서 스윙을 하면 임팩트 때 클럽 페이스가 닫히기(왼쪽을 향함) 쉽다.

B

오른쪽 목
스퀘어 그립에서는 오른손의 엄지와 검지 사이의 Y자가 오른쪽 목을 가리키는 것이 정답이다. 이 상태에서 스윙을 하면, 임팩트 시 클럽 페이스가 어드레스 때 취했던 방향으로 돌아오기 쉬우며, 오른손으로 볼을 강하게 때리는 것이 가능하다. 임팩트 때는 무엇보다 오른손의 밸런스 및 타이밍이 중요하다.

C

턱
턱을 가리키는 경우는 너무 강하게 그립을 잡았다는 증거다. 이 상태에서 스윙을 하면 임팩트 때 클럽 페이스가 열리기(오른쪽을 향함) 쉽다.

오른손 그립을 체크하는 방법

오른손의 엄지와 검지가 만드는 Y자의 중심에서 일직선 방향으로 선을 그은 후, 거울 앞에서 그 선이 오른쪽 목을 가리키고 있는지 확인해본다.

Check! 03

난이도 ★ ★ ☆

연습장편

그립 악력

어드레스 Address

Q
그립을 쥘 때 힘의 세기는?

그립 악력이란 그립을 잡는 세기의 정도를 말하며, 원활한 스윙과 클럽을 잘 다루기 위한 중요한 요소다.

양손으로 세게 잡는다

A

양손으로 느슨하게 잡는다

B

왼손만 세게 잡는다

C

해답 03

연습장편

그립을 쥘 때 힘의 세기는?

A 양손으로 세게 잡는다

양손으로 그립을 세게 잡으면, 손목, 팔꿈치, 어깨 관절에 과도한 힘이 들어가기 때문에 자연스러운 스윙을 할 수 없다.

B 양손으로 느슨하게 잡는다

양손으로 느슨하게 잡으면, 그립이 손 안에서 돌아가기 때문에 임팩트 때 클럽 페이스의 방향이 불안정해진다.

C 왼손만 세게 잡는다

스윙을 리드하는 왼쪽 사이드(왼손, 왼 팔꿈치)에는 어느 정도 힘을 줄 필요가 있다. 특히 왼손 새끼손가락과 약지에 힘을 주어 그립을 꽉 쥐는 것이 중요하다. 오른손은 릴리스(손목을 쭉 뻗는 것)를 자연스럽게 하기 위하여 느슨하게 잡는다.

그립을 쥘 때 오른손은 연필을 잡을 때처럼

왼손은 가위바위보의 바위의 형태를 취하고, 새끼손가락과 약지에 힘을 준다. 오른손은 엄지와 검지, 중지의 세 손가락만으로 연필이나 젓가락을 잡을 때처럼 손끝으로 가볍게 그립을 잡는다.

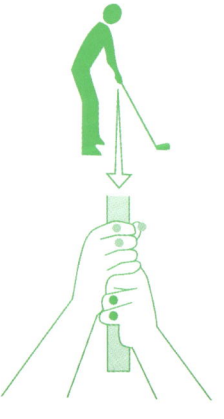

Check! 04

난이도 ★ ★ ★

연습장편

상체의 각도

어드레스 Address

Q

어드레스 상태에서 머리는 몇 시를 가리키는가?

A 2시

B 1시

C 12시

● 어드레스 때 상체의 각도는 시계 시침을 연상하면 된다.

해답 04 연습장편
어드레스 상태에서 머리는 몇 시를 가리키는가?

A

2시
너무 많이 구부린 자세다. 상체를 구부린 각도가 크기 때문에 상체가 상하로 움직이는 스윙이 되기 쉬우며, 공의 윗부분을 때리는 미스 샷, 즉 토핑이 나기 쉽다.

카메라를 이용하여 자세를 확인하다

카메라를 이용하여 어드레스를 촬영한 후 상체의 각도를 확인하자.

B

1시
어드레스에서 이상적인 상체의 각도는 약 30도이며, 이때 머리 위치는 시계의 1시를 가리키게 된다. 고관절을 기점으로 상체를 앞으로 숙이면서 엉덩이를 뒤로 내밀면 바른 자세를 잡을 수 있다. 이때 유의할 점은 등줄기를 쭉 펴야한다는 것이다.

C

12시
너무 선 자세다. 상체와 하체의 각도차가 없기 때문에 상반신과 하반신의 비틀림이 적으며, 이 자세에서는 손으로만 스윙을 하게 되는 경우가 많다.

Check! 05

난이도 ★ ★ ★

연습장편

그립 위치

어드레스 Address

Q
어드레스 상태에서 그립 위치는?

바른 방법으로 클럽을 잡으면 언제나 몸의 일정한 부분에 그립이 위치한다.

왼발 대퇴부의 바깥쪽

몸의 정중앙

왼발 대퇴부의 안쪽

해답 05 연습장편
어드레스 상태에서 그립 위치는?

A 왼발 대퇴부의 바깥쪽
이 위치에서 클럽을 잡으면 다운스윙 시 그립이 비구선 방향으로 나오기 때문에 클럽 페이스가 열리기 쉬우며, 토핑이나 슬라이스가 나기 쉽다.

B 몸의 정중앙
이 위치에서 클럽을 잡으면 다운스윙 시 클럽 헤드가 선행하기 때문에 클럽 페이스가 닫히기 쉬우며 뒤땅이나 훅이 나기 쉽다.

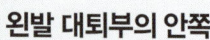

C 왼발 대퇴부의 안쪽
바른 방법으로 클럽을 잡았을 때의 그립은 왼쪽 대퇴 부위 안쪽에 위치하게 된다. 이 위치에서 스윙을 하면 임팩트 때까지 그립이 선행하게 되며, 클럽 헤드가 이상적인 입사각*을 유지하면서 볼을 치는 것이 가능하다.

*입사각 : 바닥 위로 떨어지는 물체의 운동 방향과 바닥의 수직 방향이 이루는 각도.

클럽의 각도

클럽에는 샷의 거리와 볼의 각도(높이)를 정하는 로프트 각도와 방향을 컨트롤하는 라이 각도가 있다. 그립 위치가 바르지 않으면 클럽의 정해진 기능(로프트 각도, 라이 각도)대로 샷을 구사하는 것이 불가능하다.

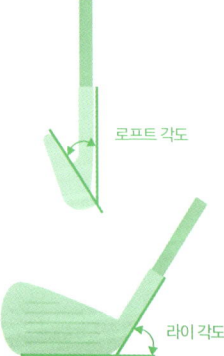

로프트 각도

라이 각도

Check! 06

난이도 ★ ★ ★

연습장편
샤프트의 기울기

어드레스 Address

Q
어드레스 상태에서 그립 엔드의 방향은?

●
바른 자세로 클럽을 잡으면 샤프트는 정해진 각도를 유지하게 된다.

A 복근

B 배꼽

C 대퇴부

해답 06

연습장편

어드레스 상태에서 그립 엔드의 방향은?

A

복근

손목이 쭉 펴진 상태이며, 어깨에 힘이 들어간 나머지 클럽이 너무 세워진 상태다. 이 자세에서는 다운 스윙 시 클럽 페이스의 끝부분(토우)부터 아래로 내려오기 때문에 훅이 나기 쉽다. 상체를 앞으로 더 숙여야 한다.

B

배꼽

상체의 각도를 바르게 유지하면서 클럽을 잡으면, 그립 엔드는 배꼽이나 벨트 부근을 가리키게 된다. 체격 또는 체형에 따라 개인차는 있겠지만 그립 엔드가 가리키는 목표점이 배꼽 부근이 되도록 그립을 잡아야 한다.

C

대퇴부

손목의 각도가 너무 깊기 때문에 스윙의 톱 위치에서 손목이 손등 쪽으로 꺾어지기 쉬운 자세이며, 이 자세에서는 페이스가 열린 상태에서 임팩트를 맞이하기 쉬우므로 결과적으로 슬라이스가 나기 쉽다. 상체가 너무 숙여지지 않도록 주의를 기울여야 한다.

그립 방향을 확인한다

어드레스 상태에서 클럽 샤프트의 경사를 촬영하여 그립의 방향을 확인하자.

Check! 07

난이도 ★ ★ ★

연습장편

스탠스 폭

어드레스 Address

Q
드라이버 샷에서 스탠스 폭은?

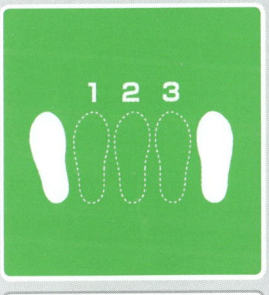

발 3개의 폭 — A

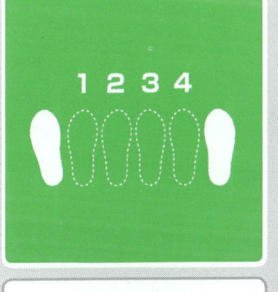

발 4개의 폭 — B

발 5개의 폭 — C

●
어드레스 상태에서의 양발 사이의 간격을 스탠스 폭이라고 하며, 이것이 스윙의 밸런스와 크기를 결정한다.

해답 07 연습장편
드라이버 샷에서 스탠스 폭은?

A

발 3개의 폭
너무 좁은 드라이버 샷의 스탠스 폭이다. 클럽의 길이에 비해 스탠스 폭이 좁으면 스윙 회전축은 느낄 수 있지만, 하반신이 불안정하게 되어 상반신과 하반신의 밸런스가 무너진 나머지 불안정한 샷이 되기 쉽다.

B

발 4개의 폭
체격이나 체형에 따라 개인차는 있지만, 표준적인 드라이버 샷의 스탠스 폭은 양발 뒤꿈치 안쪽에 자신의 어깨가 들어갈 정도의 너비인 발 4개의 폭이다. 그리고 미들 아이언, 숏 아이언 등 클럽 길이가 짧아짐에 따라 스탠스 폭도 좁아진다는 점도 기억해두자.

C

발 5개의 폭
드라이버 샷의 스탠스 폭으로는 좀 넓은 편이다. 스탠스 폭이 너무 넓으면 하반신은 안정되지만 스윙 시 회전축을 느끼기 어려우며 몸이 좌우로 움직여지는 이른바 스웨이가 나기 쉽다.

신발을 이용하여 스탠스 폭을 확인한다

자신의 스탠스 폭이 발 몇 개 정도인지 확인하기 위해서는 신발을 양발 사이에 가지런히 놓아보면 된다. 이 방법으로 거울이 비치되어 있지 않은 연습장 타석이나 자택에서도 간단하게 확인하는 것이 가능하다.

Check! 08

난이도 ★ ★ ★

연습장편

체중 배분

어드레스 Address

Q

드라이버 샷에서 체중 배분은?

어드레스 상태에서의 체중 배분은 스윙 전체에 영향을 끼친다.

5 : 5

A

6 : 4

B

7 : 3

C

해답 08 연습장편
드라이버 샷에서 체중 배분은?

A

5 : 5
이 비율은 아이언 샷의 체중 배분이다. 볼을 스탠스 중앙에 놓는 아이언 샷은 볼을 바로 위에서 내려다보기 때문에 좌우 균등의 체중 배분이 되고, 스윙 축도 몸의 정중앙이 된다. 이 자세에서는 입사각이 예각을 유지하며, 클럽 페이스가 오른쪽을 향하기 쉽기 때문에 공도 오른쪽으로 날아가기 쉽다.

B

6 : 4
어드레스 상태에서 볼을 왼발 뒤꿈치 안쪽 선상에 두는 드라이버 샷은 볼을 조금 오른쪽에서 내려다보기 때문에 조금 오른쪽으로 기울어진 체중 배분이 되며, 스윙 축도 약간 오른쪽으로 기운 상태가 된다. 클럽의 길이에 따라 체중 배분이 변한다는 사실을 기억해 두자.

C

7 : 3
체중이 오른발에 너무 실린 상태다. 이 상태에서는 스윙 축이 너무 오른쪽으로 쏠려있기 때문에, 밑에서 들어 올리는 듯한 스윙이 되어 클럽 헤드가 볼의 밑부분을 때리기 쉽다.

연습장의 거울을 이용하여 체중 배분을 확인한다

타석별로 거울이 비치되어 있는 연습장에서는 기다란 구두 주걱을 거울에 걸쳐 둔 상태에서 어드레스를 확인하는 것이 가능하며, 몸의 축이 구두 주걱의 오른쪽에 비춰지도록 체중 배분을 하라.

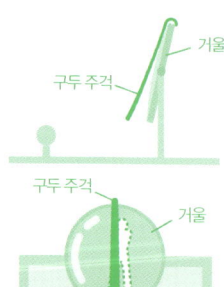

※몸의 축을 구두 주걱보다 오른쪽으로!!

Check! 09

난이도 ★ ★ ★

연습장편
스윙 축

어드레스 Address

Q 미들 아이언 샷에서 볼의 어느 쪽을 보는가?

●
사용하는 클럽에 따라 볼 보는 위치가 달라진다.

A 정중앙

B 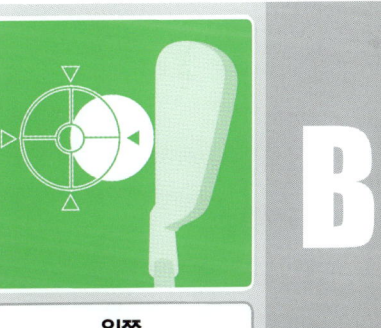 왼쪽

C 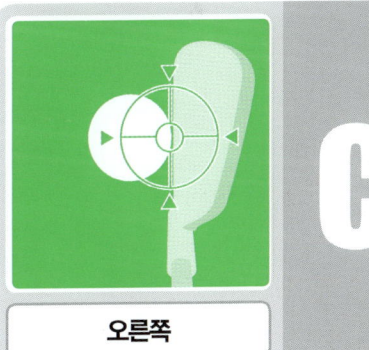 오른쪽

해답 09

연습장편

미들 아이언 샷에서 볼의 어느 쪽을 보는가?

A

정중앙

볼을 스탠스의 중간 지점에 놓는 미들 아이언 샷이나 숏 아이언 샷에서는 스윙 축이 몸의 정중앙이기 때문에 볼도 바로 위에서 내려다보면 된다. 머리를 움직이면 축이 흔들려 미스 샷이 나기 쉽다.

B

왼쪽

볼을 스탠스의 중간 지점보다 오른쪽에 놓을 때 사용하는 시선이다. 이 경우에는 스윙 축이 왼쪽으로 기울어지므로 변칙적인 샷(낮게 날아가는 볼 등)을 구사하고자 할 때 쓰인다.

C

오른쪽

드라이버, 페어웨이 우드, 롱 아이언 등을 사용할 때의 시선이다. 긴 클럽은 볼을 스탠스의 중간 지점보다 왼쪽에 놓기 때문에 스윙 축이 오른쪽으로 기울어지며 오른쪽에서 볼을 보게 된다.

테이크 백 상태에서는 볼을 계속 쳐다본다

테이크 백 상태에서는 클럽 페이스의 각도나 방향에 신경이 쓰인 나머지 클럽 헤드를 쳐다보기 쉽지만, 폴로 스루가 끝날 때까지 볼을 계속 쳐다본다는 생각을 가져야 한다.

Check! 10

난이도 ★ ★ ★

연습장편

볼의 위치

어드레스 Address

Q

드라이버 샷에서는 볼을 어디에 놓는가?

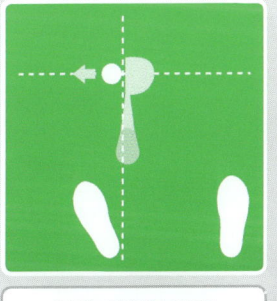

왼발 발가락 끝 — A

왼발 뒤꿈치 안쪽 — B

스탠스의 중간 지점 — C

● 드라이버 샷을 위한 볼 놓는 위치는 정해져 있다.

해답 10

연습장편

드라이버 샷에서는 볼을 어디에 놓는가?

A

왼발 발가락 끝

너무 왼쪽에 볼을 둔 상태다. 임팩트 위치가 스윙 동작의 최저점보다 너무 왼쪽이기 때문에 클럽 페이스가 닫힌 상태에서 임팩트를 맞이하게 되며, 결과적으로 왼쪽으로 날아가는 볼이 되기 쉽다. 이 위치보다 더 왼쪽에 볼을 두면 뜨지 않은 상태에서 굴러가는 볼이 되기 쉽다.

B

왼발 뒤꿈치 안쪽

드라이버 샷은 클럽 헤드가 스윙의 최저점을 지나 올라갈 때가 임팩트 시점이기 때문에 왼발 뒤꿈치 안쪽 선상이 볼을 두는 것이 바른 위치다.

C

스탠스의 중간 지점

너무 오른쪽에 볼을 둔 상태다. 임팩트 위치가 스윙의 최저점보다 오른쪽이기 때문에 입사각이 예각이며, 클럽 페이스가 열린 상태(오른쪽을 향함)에서 임팩트를 맞이하게 되어 결과적으로 오른쪽으로 날아가는 볼이 되기 쉽다. 하지만 아이언 샷에서는 스윙의 최저점을 통과하기 전에 임팩트를 맞이하기 때문에 이 위치가 바른 위치다.

클럽을 이용하여 발의 위치를 확인하는 방법

① 드라이버 샷 때의 어드레스를 취한다.
② 클럽의 그립 부분을 똑바로 밑으로 내려놓는다. (이때 샤프트의 방향이 바뀌지 않도록 조심한다)
③ 내려놓은 클럽의 그립이 왼발 뒤꿈치 안쪽에 위치하는지 확인한다.

Check! 11

난이도 ★ ★ ★

연습장편

테이크 백의 위치

스윙 Swing

Q

테이크 백은 몇 시를 가리키는가?

●
테이크 백은 정지 상태에서 클럽을 몸의 오른쪽 방향으로 가져가기 시작하는 어려운 동작이다. 움직임이 정확하지 않으면 올바른 스윙 또한 불가능하므로 신중히 할 필요가 있다.

7시 — A

8시 — B

9시 — C

해답 11

연습장편

테이크 백은 몇 시를 가리키는가?

A

7시

7시 위치에서 클럽을 위로 들어 올리면 클럽 헤드가 비구선 방향의 안쪽에서 올라가기 때문에 스윙 궤도가 인사이드 아웃이 된다. 스윙 궤도가 인사이드 아웃인 상태에서 다운 스윙을 하면 왼손 그립이 비구선 방향으로 먼저 나가기 때문에 뒤땅이나 슬라이스가 나기 쉽다.

B

8시

올바른 테이크 백은 어드레스 상태에서 만들어진 가슴과 팔의 삼각형을 그대로 유지한 채 클럽 헤드를 8시 방향까지 곧장 오른쪽 방향으로 보낸다. 그 위치에서 왼팔을 위로 들어 올리면 어깨의 회전도 덩달아 자연스러워지며 바른 스윙 플레인을 유지할 수 있게 된다.

C

9시

9시 위치에서 클럽을 위로 들어 올리면 클럽 헤드가 비구선 방향의 바깥쪽에서 올라가기 때문에 스윙 궤도가 아웃사이드 인이 되며, 점차 몸과 그립(손)의 간격이 멀어지므로 오른손만을 사용하는 다운 스윙이 되기 쉽다.

효과적인 테이크 백의 연습

클럽을 오른쪽 방향으로 곧장 끌어당기기 시작하는 동작을 테이크 백, 들어 올리는 동작을 백스윙이라 한다. 바른 테이크 백 동작을 익히기 위해서는 비구선 후방 약 30센티미터 정도의 장소에 표식이 되는 물건(볼이나 티펙)을 두고, 그곳까지 클럽 헤드를 곧장 끌어당기는 연습이 효과적이다.

Check! 12
난이도 ★ ★ ★

연습장편

테이크 백의 방향

스윙 Swing

Q
테이크 백이 끝난 뒤 클럽을 들어 올릴 때 리딩 에지의 방향은?

● 테이크 백이 끝난 뒤 클럽을 들어 올릴 때는 리딩 에지의 방향을 확인할 필요가 있다.

A — 1시

B — 12시

C — 2시

해답 12 연습장편

테이크 백이 끝난 뒤 클럽을 들어 올릴 때 리딩 에지의 방향은?

A

1시
클럽을 들어올리기 시작하는 지점인 8시까지는 손이나 손목을 전혀 사용하지 않은 채 테이크 백을 해야 하며, 이 순서를 지키면 리딩 에지는 1시를 가리키게 된다.

B

12시
페이스가 닫힌 상태다. 손 또는 손목을 사용하여 페이스의 힐 부분을 먼저 움직이는 듯한 테이크 백을 하면 페이스가 닫혀 훅이 나기 쉽다. 이 증상은 그립에 힘을 많이 주는 골퍼들에게서 볼 수 있다.

C

2시
페이스가 열린 상태다. 손 또는 손목을 사용하여 페이스의 토우(끝부분) 부분을 먼저 움직이는 듯한 테이크 백을 하면, 페이스가 열려 슬라이스나 섕크가 나기 쉽다. 클럽 헤드는 토우 부분이 무겁기 때문에 이 증상은 힘이 약한 골퍼들에게서 흔히 볼 수 있다.

리딩 에지의 방향 익히기

클럽 세 개를 아래 그림과 같이 지면에 놓고 테이크 백을 한 후 클럽 헤드가 클럽 세 개의 교차점에 도달했을 때, 리딩 에지 방향을 확인한다.

Check! 13
난이도 ★ ★ ★

연습장편

코킹과 릴리스

스윙 Swing

Q
오른손만으로 웨지를 다루면?

볼이 떼굴떼굴 굴러감 — A

좌우로 볼이 날아감 — B

●
백스윙 과정에서 손목에 각도를 만드는 동작을 코킹, 다운 스윙 과정에서 손목을 원래 상태대로 펴는 동작을 릴리스라고 한다. 한 손만으로 스윙을 해보는 것으로 코킹과 릴리스 동작을 터득하고 있는지 확인할 수 있다.

로프트 각대로 볼이 날아감 — C

해답 13 연습장편
오른손만으로 웨지를 다루면?

A

볼이 떼굴떼굴 굴러감
손목이나 팔꿈치에 너무 힘이 들어간 나머지 코킹과 릴리스가 전혀 되지 않은 상태. 다운 스윙 때 손의 힘을 빼고 그립 엔드가 지면을 향하도록 스윙을 하는 것이 좋다.

B

좌우로 볼이 날아감
백스윙 과정에서 바른 방향으로 코킹이 되지 않았다는 증거다. 팔뚝이 지면과 평행을 이루는 지점에서 페이스가 정면을 향하도록 클럽을 들어 올리면 된다.

C

로프트 각대로 볼이 날아감
올바른 코킹과 릴리스의 타이밍이 이루어지면 오른손만으로 로프트 각대로 샷을 날리는 것이 가능하다. 스윙 도중에 이와 같이 오른손 동작을 유지하면 샷의 방향성 또한 좋아진다.

클럽 헤드의 무게를 느껴라

한 손으로만 클럽을 들면 클럽 무게 때문에 손이나 팔에 힘이 들어가기 쉬우므로, 클럽을 휘두른다는 생각을 버리고 손목과 팔꿈치의 관절을 유연하게 사용하면서 클럽 헤드의 무게로 클럽을 휘두른다는 감각을 익히길 바란다.

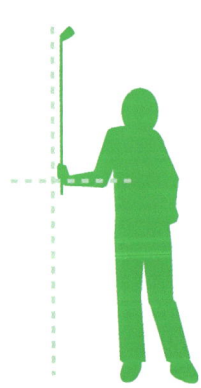

Check! 14

난이도 ★ ★ ★

연습장편

스윙 밸런스

스윙 Swing

Q
양발을 모은 자세에서 웨지를 다루면?

●
자신의 스윙 축이 어긋나 있는지 확인하기 위해서는 양발을 모은 자세에서 스윙을 해본다.

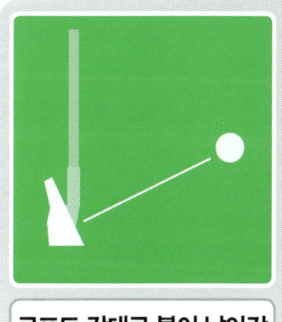

로프트 각대로 볼이 날아감

뒤땅이나 토핑

좌우로 볼이 날아감

해답 14

연습장편
양발을 모은 자세에서 웨지를 다루면?

A

로프트 각대로 볼이 날아감
좋은 좌우 밸런스를 유지한 상태에서 스윙을 하면 로프트 각대로 볼을 치는 것이 가능하다. 스윙을 할 때 이와 같은 몸 회전을 하면 볼의 방향성도 좋아진다.

B

뒤땅이나 토핑
너무 힘이 들어간 나머지 클럽 헤드의 무게를 손이나 팔로 느끼지 못하고 있다는 증거다. 비거리를 많이 내겠다는 생각을 버리고, 손목이나 팔꿈치의 관절을 유연하게 사용하는 스윙을 하도록 노력한다.

C

좌우로 볼이 날아감
상반신의 움직임이 너무 커서 균형을 잃어버린 스윙이 된 증거다. 볼을 멀리 날려 보내겠다는 생각을 버리고 스탠스 폭에 맞는 스윙 폭을 찾도록 노력한다.

스웨이를 고치는 비법

양발을 모은 채 볼을 치는 연습은 자세를 스퀘어(비구선과 평행) 상태로 유지하는 것과 스윙 축을 느끼는 데 효과가 있다. 특히 보통의 스탠스 폭을 유지한 스윙에서 스웨이(몸이 좌우로 움직임)가 일어날 때, 이를 고칠 수 있는 연습 방법이기도 하다.

비구선 방향

Check! 15
난이도 ★ ★ ★

연습장편
비하인드 더 볼

스윙 Swing

Q
드라이버 샷의 임팩트 때 볼 후방의 경치는?

● 비하인드 더 볼이란 임팩트 때 머리가 볼보다 뒤쪽에 위치하는 것을 말한다.

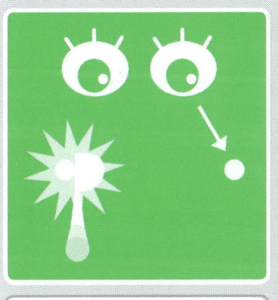

보인다

보이지 않는다

조금 보인다

해답 15

연습장편

드라이버 샷의 임팩트 때 볼 후방의 경치는?

A

보인다

드라이버 샷은 볼을 몸 중앙보다 왼쪽에 두기 때문에 어드레스 상태에서는 머리가 오른쪽으로 기울며, 스윙 축도 약간 오른쪽으로 기운다. 이 상태를 유지한 채 스윙을 하면 임팩트 순간 머리 위치가 볼보다 후방이 되며, 가장 빠른 클럽의 헤드 스피드를 낼 수 있다.

B

보이지 않는다

스윙 축이 왼쪽으로 많이 어긋나 있다. 다운 스윙 때에 볼에서 시선이 멀어져 아웃사이드 인의 스윙 궤도가 되기 때문에 왼쪽으로 많이 꺾어지는 볼이나 반대로 슬라이스가 나기 쉽다.

C

조금 보인다

스윙 축이 왼쪽으로 약간 어긋나 있다. 다운 스윙 때 클럽 헤드에 원심력이 작용하지 않는 미트율이 나쁜 스윙이 된다.

머리 위치를 볼 후방에 둔다

"Keep your head behind the ball."(머리를 볼 후방에 두어라)

꼭 명심해야 할 말 중 하나다. 비구선 후방의 시야에 들어오는 범위 내에 표식(헤드 커버, 볼 등)을 두고 그것을 의식하면서 스윙 연습을 하라.

Check! 16

난이도 ★ ★ ★

연습장편

체중 이동

스윙 Swing

Q
피니시 후 왼발만으로 자세를 유지할 수 있는가?

A — 뒤쪽으로 비틀거림

B — 앞쪽으로 비틀거림

C — 서 있을 수 있음

●
피니시 상태에서 바르게 체중 이동이 되었는지 확인한다.

해답 16

연습장편

피니시 후 왼발만으로 자세를 유지할 수 있는가?

A 뒤쪽으로 비틀거림

다운 스윙 때 자세의 밸런스가 발 뒤꿈치 쪽에 너무 치우친 나머지 몸이 일어선 상태. 이 자세에서는 임팩트 때 클럽 페이스가 닫혀 훅이 나기 쉽다.

B 앞쪽으로 비틀거림

체중 이동은 되어 있으나 다운 스윙 때 자세의 밸런스가 발가락 쪽에 너무 치우쳐진 나머지 비구선 방향으로 몸이 많이 나간 상태. 이 자세에서는 임팩트 때 클럽 페이스의 방향이 바뀌어 뒤땅이나 생크가 나기 쉽다.

C 서 있을 수 있음

좋은 밸런스를 유지한 스윙은 다운 스윙에서 피니시까지 하반신 중심으로 오른발에서 왼발 쪽으로 체중이 이동하기 때문에 피니시를 마친 후 왼발만으로 서 있을 수 있다.

올바른 체중 이동 익히기

오른발 뒤꿈치를 들어 올린 상태에서 스윙을 하면, 피니시 때 체중을 쉽게 왼발 쪽으로 이동시킬 수 있다. 이 때, 한 가지 주의해야 할 사항은, 평상시 취하는 스탠스로 어드레스를 하면 오른쪽 무릎이 앞으로 나오기 때문에 클로즈드 스탠스(오른발을 뒤쪽으로 뺌)를 취해야 한다는 점이다.

비구선방향

Check! 17

난이도 ★ ★ ★

연습장편

왼쪽 벽

스윙 Swing

Q
왼쪽 벽에 대한 이미지는?

수직 벽

지면에서 어깨까지의 둥근 벽

어깨보다 위에 위치한 둥근 벽

●

왼쪽 벽이란 임팩트에서 피니시에 이르기까지 몸이 옆으로 움직이지 않도록 왼쪽을 의식하라는 의미이다.

해답 17 연습장편
왼쪽 벽에 대한 이미지는?

왼쪽 벽을 느껴라

섀도 스윙이란 머리를 벽에 대고 가슴에 손을 얹은 상태에서 행하는 스윙을 말하며, 이 연습을 꾸준히 하면 어깨까지의 둥근 벽을 의식하기 쉬우며, 스윙 축에 대한 감각 또한 기를 수 있다.

A

수직 벽
수직 벽의 이미지를 가지고 스윙을 하면 몸 회전이 정지되어, 허리와 어깨가 옆으로 움직이고 마는 즉, 스웨이를 한 스윙이 된다. 이 상태에서 볼을 치면 팔 동작과 몸 회전의 타이밍이 서로 맞지 않아 볼이 오른쪽으로 날아가기 쉽다.

B

지면에서 어깨까지의 둥근 벽
왼쪽 벽을 수직의 벽으로 오해하기 쉽지만, 골프 스윙은 회전운동이기 때문에 어깨 높이까지 오는 원통과 같은 둥근 벽의 이미지를 가져야 한다. 좁은 원주 안에서 허리와 어깨를 회전시킨다는 이미지를 가지고 스윙을 하길 바란다.

C

어깨보다 위에 위치한 둥근 벽
어깨보다 위에 위치한 둥근 벽의 이미지를 가지고 스윙을 하면, 어깨만 돌아가는 이른바 상반신만을 이용한 스윙이 되며 하반신의 움직임이 없게 된다. 이 상태에서 임팩트를 하면 페이스가 왼쪽을 향하게 되며 훅이 나기 쉽다.

Check! 18

난이도 ★ ★ ★

연습장편

보디 턴

스윙 Swing

Q

보디 턴에 대한 이미지는?

보디 턴이란 스윙 중에 일어나는 몸의 회전을 말한다.

훌라후프 — A

원반던지기 — B

대나무 빗자루 쓸기 — C

해답 18

연습장편

보디 턴에 대한 이미지는?

훌라후프
허리 회전만으로는 보디 턴이라고 할 수 없다. 그리고 스윙 중에 훌라후프처럼 좌우로 허리를 회전시키면 축이 어긋나게 되어 목표지점으로 볼을 보낼 수 없다.

원반던지기
오른발을 축으로 몸을 오른쪽으로 비튼 후, 왼발 쪽으로 축을 이동시키면서 회전하는 원반던지기의 움직임이야 말로 골프에서의 보디 턴과 동일한 움직임이다. 몸의 회전과 몸의 꼬임을 이용하는 것에 의해 클럽 헤드에 힘이 전달되며 비거리가 나는 샷을 구사할 수 있게 된다.

대나무 빗자루 쓸기
팔만을 이용한 스윙을 보디 턴이라고 볼 수 없다. 몸의 비틀림과 몸의 회전 운동이 없는 스윙으로는 비거리가 나는 샷을 구사할 수 없다.

현대 골프의 스윙

스윙의 기본은 축을 중심으로 한 회전 운동이지만 회전만으로는 클럽 헤드에 힘을 전달할 수 없으며 헤드 스피드 또한 빨라지지 않는다. 상반신과 하반신이 비틀린 정도에 따라 회전 속도가 빨라지며 비거리와 방향성을 향상시킬 수 있다. 이것이 현대 골프의 스윙이다.

Check! 19

난이도 ★ ★ ★

연습장편

미스 샷

스윙 Swing

Q

토핑이나 뒤땅 등의 미스 샷을 연발할 때는?

대표적인 미스 샷으로 토핑과 뒤땅을 들 수 있다.

오른발 뒤꿈치를 들고 스윙한다

헤드 업에 주의하며 스윙한다

클럽 헤드를 예각으로 하여 스윙한다

해답 19 연습장편
토핑이나 뒤땅 등의 미스 샷을 연발할 때는?

A 오른발 뒤꿈치를 들고 스윙한다

뒤땅은 클럽 헤드가 놓여 있는 볼 바로 뒤에 먼저 닿기 때문에 생긴다. 오른발 뒤꿈치를 든 상태에서 스윙을 하면 클럽 헤드가 바른 입사각을 유지한 채 내려오기 때문에 뒤땅을 예방할 수 있다. 그리고 토핑의 원인인 자세가 일어서지는 증상도, 오른발 뒤꿈치를 든 상태에서 스윙을 하는 것으로 해결된다.

B 헤드 업에 주의하며 스윙한다

헤드 업에만 주의를 기울이면서 스윙을 하면 몸의 다른 부분은 움직임이 멈춰져 왼쪽으로 날아가는 구질의 볼이 되기 쉽다.

C 클럽 헤드를 예각으로 하여 스윙한다

클럽 헤드가 예각인 상태를 유지하면서 내려오는 것만을 의식하면서 스윙을 하면 손만 이용한 스윙이 되기 쉬우며, 그 결과 스윙 밸런스가 흐트러져 버린다.

매트 위에 반창고를 붙인 후 뒤땅을 확인하자

골프 연습장에 비치된 매트는 클럽 헤드가 잘 미끄러지도록 만들어져 있기 때문에 설사 뒤땅을 쳤다 하더라도 볼이 멀리 날아가서 뒤땅을 쳤는지 잘 모를 때가 많다. 확인을 하기 위해서는 볼 뒤 약 3센티미터 정도에 반창고를 붙인 후 스윙을 해보길 바란다. 스윙 후 반창고가 여전히 제자리에 붙어 있다면 뒤땅이 아닌 바른 임팩트를 한 것임을 알 수 있다.

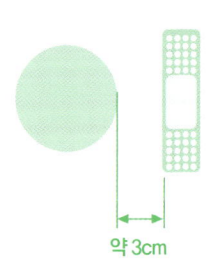

약 3cm

Check! 20

난이도 ★ ★ ★

연습장편

백스윙

스윙 Swing

Q

백스윙에서 팔을 들어 올리는 방법은?

●

테이크 백을 마친 후 클럽을 들어 올리는 백스윙 동작에서는 팔을 어떻게 사용하는지가 중요한 포인트다.

아기를 높이 들어 올리듯이

A

서랍을 열듯이

B

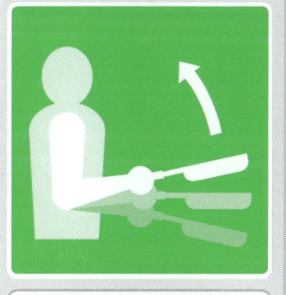

프라이팬의 내용물을 뒤집듯이

C

해답 20
연습장편
백스윙에서 팔을 들어 올리는 방법은?

A

아기를 높이 들어 올리듯이

이 방법은 팔이 쭉 펴지며 몸통과 사이가 벌어지는, 즉 겨드랑이가 열리는 상태가 되기 때문에 지나친 톱 오브 스윙이 되며 그 결과 스윙 궤도의 안정성이 사라진다. 팔을 위로 들어 올리는 동작은 그대로 유지한 채 양 겨드랑이가 열리지 않도록 주의를 기울여야 한다.

B

서랍을 열듯이

오른팔로 서랍을 열 때와 같은 동작을 취하면 클럽 헤드를 극단적인 인사이드 쪽으로 올려버리는 결과를 초래한다. 이 상태에서 다운 스윙을 하면 인사이드 아웃의 궤도가 되기 때문에 왼손 그립이 비구선 방향으로 나가게 되어 뒤땅이나 슬라이스가 난다.

C

프라이팬의 내용물을 뒤집듯이

백스윙에서는 오른발의 고관절과 허벅지 안쪽 라인을 축으로 몸을 오른쪽으로 돌리면서 팔은 프라이팬의 내용물을 뒤집듯이 위로 들어 올린다. 즉, 테이크 백이 끝난 후 클럽 헤드를 약 30센티미터 정도 오른쪽으로 이동시키고 나서 왼팔을 위로 들어 올리면 된다. 몸은 좌우방향, 팔은 상하방향의 동작임을 명심한다.

수건을 이용한 백스윙 연습

수건 끝부분에 매듭을 만든 후 몸을 회전시키면서 수건의 매듭 부분으로 양 어깨를 툭툭 친다. 이 연습을 통해 백스윙과 피니시에서의 팔 사용법을 익힐 수 있다.

Check! 21

난이도 ★ ☆ ☆

연습장편

풀 샷

스윙 Swing

Q
미들 아이언의 풀 샷은 몇 시를 가리키는가?

●
골프 클럽에는 제각각의 역할과 사용법이 있다. 클럽에 따라 스윙의 크기도 달라진다.

A 1시

B 2시

C 3시

해답 21
연습장편
미들 아이언의 풀 샷은 몇 시를 가리키는가?

A  1시
숏 아이언의 풀 샷이다. 숏 아이언의 스탠스 폭은 롱 아이언이나 미들 아이언의 스탠스 폭보다 좁기 때문에 톱 위치도 그만큼 낮아진다. 핀을 겨냥하기 위한 콤팩트한 스탠스 폭과 스윙 폭을 익혀두길 바란다.

B  2시
스윙을 지탱하여 주는 스탠스의 폭에 의해 스윙의 크기가 정해진다. 미들 아이언의 스탠스 폭은 드라이버의 스탠스 폭과 숏 아이언의 스탠스 폭의 중간이 되기 때문에 톱의 크기도 중간이 된다. 미들 아이언으로는 그린을 겨냥하는 정확성을 익히길 바란다.

C  3시
드라이버의 풀 샷이다. 드라이버의 스탠스 폭은 클럽들 중에서 가장 넓기 때문에 톱 위치도 그만큼 높아진다. 볼을 정확히 멀리 날려 보내기 위하여 안정된 하반신과 균형 잡힌 스윙을 익혀두길 바란다.

중요한 것은 스탠스 폭!

스윙 동작에서 톱 위치에만 신경을 쓰는 골퍼들이 많다. 톱 위치를 익히는 것보다 클럽의 길이에 따른 올바른 스탠스 폭을 익혀두는 것이 더 중요하다.

Check! 22

난이도 ★ ★ ★

연습장편

구질

지식 Knowledge

Q
슬라이스나 훅이 계속 날 때는?

대표적인 구질에는 슬라이스형과 훅형이 있다.

A 어드레스를 확인한다

B 테이크 백을 확인한다

C 톱 위치를 확인한다

해답 22

연습장편

슬라이스나 훅이 계속 날 때는?

A

어드레스를 확인한다

어깨와 허리 그리고 스탠스의 방향이 스퀘어(비구선에 평행)가 되지 않으면, 볼은 목표 지점과는 다른 방향으로 날아간다. 그리고 어드레스 때의 방향에 의해 다음 동작(테이크 백, 백스윙 등)의 형태도 결정된다.

B

테이크 백을 확인한다

테이크 백을 인사이드로 끌어당기면 훅, 아웃사이드로 끌어당기면 슬라이스가 난다.

C

톱 위치를 확인한다

톱의 위치나 높이에 지나치게 신경을 쏟는 골퍼들이 많은데 이것들은 슬라이스나 훅에 직접적인 영향을 끼치는 요소들이 아니다.

타석을 고른다

연습장에서는 자신의 구질(슬라이스 경향인 골퍼는 우측 타석, 훅 경향인 골퍼는 좌측 타석)에 맞는 타석을 고르도록 신경을 쓰길 바란다. 구질의 방향에 그물 등 장해물이 있으면 그 방향으로 볼이 날아가지 않도록 하는 스윙을 익힐 수 있다.

Check! 23

난이도 ★ ★ ★

연습장편
연습의 효과

지식 Knowledge

오랜만에 라운드할 때, 당신은 어떤 타입에 속하는가?

코스에서의 나이스 샷을 위하여 평소에 효과적인 연습을 하라.

당장 연습장에 간다

전날만 연습을 한다

전혀 연습을 하지 않는다

해답 23

연습장편

오랜만에 라운드할 때, 당신은 어떤 타입에 속하는가?

A

당장 연습장에 간다

라운드 날이 정해지면, 스윙 감각(리듬, 밸런스)이나 체력은 물론 기술을 연마하기 위해서라도 한 주에 2일, 일 회에 볼 80개 ~ 150개 정도를 목표로 꾸준히 연습하는 것이 좋은 스코어를 내는 비결이다.

스윙 축의 흔들림을 줄인다

이마를 벽에 댄 상태에서 하는 섀도 스윙은 토핑이나 뒤땅 등 미스 샷의 원인이 되는 스윙 축의 흔들림을 줄일 수 있는 효과적인 연습 방법이다.

B

전날만 연습을 한다

골프 스윙은 결코 하루 만에 좋아지지 않지만, 사정상 전날밖에 시간이 나지 않는다면 숏 아이언을 주로 사용하면서 스윙 감각을 익히는 데 주력하는 연습이 효과적이다.

C

전혀 연습을 하지 않는다

평소에 꾸준히 연습을 하지 않으면 코스에서 멋진 샷을 날리기를 기대하기 어렵다. "연습장에서 구사하지 못한 샷은 코스에서도 결코 구사할 수 없다"라는 말을 명심하면서 평소 때 연습을 게을리하지 않길 바란다.

Check! 24

난이도 ★ ★ ★

연습장편

집중력

지식 Knowledge

Q
누군가가 자신의 스윙을 보고 있을 때, 당신은 어떤 타입에 속하는가?

●
코스에서의 멋진 샷을 위하여 효과적인 연습을 하라.

전혀 신경 쓰지 않는다

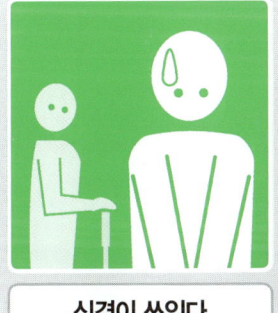
신경이 쓰인다

중단한다

해답 24 연습장편
누군가가 자신의 스윙을 보고 있을 때, 당신은 어떤 타입에 속하는가?

A

전혀 신경 쓰지 않는다
자신의 연습에 집중할 수 있는 타입이다. 연습장에서는 심리적 압박감 없이 동일한 장소에서 연속적으로 스윙 연습을 하는 것이 가능하므로 스윙 템포가 빨라지는 경우가 많다. 스윙 템포가 빨라지지 않도록 유의하면서 언제나 같은 페이스로 집중하면서 연습을 하면 자연스러운 스윙 리듬을 익힐 수 있으며, 라운드에서 좋은 스코어를 기대할 수 있다.

B

신경이 쓰인다
주위의 시선이나 환경에 신경이 쓰이는 것은 원래 자신감이 없거나, 아니면 연습에 집중할 수 없기 때문이다. 연습장에서는 주위 사람들에게 멋진 샷을 보여줄 필요가 없다는 사실을 명심한다.

C

중단한다
사람들이 보고 있는 것에 대해 어렵게 생각할 필요는 전혀 없다. '혹시 훈수라도 듣게 된다면……' 등의 부정적인 사고를 가질 필요는 전혀 없으며, 연습장은 실력을 자랑하는 장소가 아니란 점을 잊지 말기를 바란다. 자신감을 가지고 자신만의 연습에 집중하자.

이미지 라운드로 집중력 향상

가상의 코스를 생각하면서 실제로 라운드하고 있다는 느낌을 가지면서 샷을 날려보아라. 집중력을 향상시키기 위해서는 드라이버 샷, 세컨드 샷, 어프로치 등 제각각의 상황을 상상하면서 연습을 하는 것이 아주 효과적이다. 그리고 연습장에서 동반자와 같은 타석에서 교대로 스윙을 하는 등 게임 감각으로 연습을 하면, 실제로 라운드하는 듯한 느낌을 맛볼 수 있다.

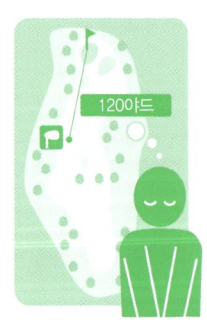

Check! 25
난이도 ★ ★ ★

연습장편

팁

지식 Knowledge

Q
우연히 팁을 듣게 되었을 때, 당신은 어떤 타입에 속하는가?

코스에서의 멋진 샷을 위하여 효과적인 연습을 하라.

신경이 쓰인다

전혀 신경을 쓰지 않는다

들었던 팁을 연습해본다

해답 25 연습장편
우연히 팁을 듣게 되었을 때, 당신은 어떤 타입에 속하는가?

A

신경이 쓰인다
아무래도 들었던 팁에 신경이 쓰인다면 연습을 중단하거나, 대화가 끝난 후 연습을 재개하라. 자신의 스윙에 집중하는 것이 중요하다.

때로는 팁을 거절한다
타인에게 팁을 전하지 못해 안달하는 골퍼에게서 일회용 팁을 받은 경험을 가진 골퍼들이 많다. 그러나 실력이 뛰어난 골퍼가 가르치는 실력도 뛰어난 것은 아니다. 만약 팁을 거절하고 싶을 때에는 정중히 의사표시를 하라.

B

전혀 신경을 쓰지 않는다
전혀 신경이 쓰이지 않는다는 것은 자신의 연습에 집중하고 있다는 증거다. 자신의 페이스대로 스윙에 자신감을 가지고 연습을 계속하도록 한다.

C

들었던 팁을 연습해본다
스윙 폼은 각인각색이다. 타인에 대한 팁이 자신에게도 그대로 적용된다고는 볼 수 없다. 미스 샷이나 스윙 폼을 고치고 싶을 때에는 티칭 프로에게 정식으로 레슨을 받는 것이 실력 향상의 지름길이다.

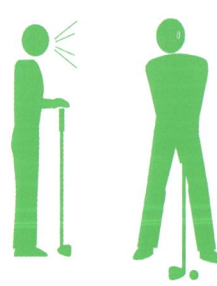

Check! 26

난이도 ★ ★ ★

연습장편

연습량

지식 Knowledge

Q

연습 종반에
미스 샷이
연발로
나온다면,
당신은
어떤 타입에
속하는가?

●
코스에서의 멋진 샷을 위하여
효과적인 연습을 하라.

휴식을 취한다

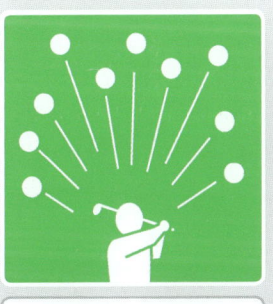

계속 연습을 한다

귀가한다

해답 26 · 연습장편
연습 종반에 미스 샷이 연발로 나온다면, 당신은 어떤 타입에 속하는가?

A

휴식을 취한다

휴식 후 연습을 재개하였을 때에도 미스 샷이 계속 나온다면, 휴식 전에 사용했던 클럽보다 길이가 짧은 클럽을 사용하길 바란다. 미트율이 좋아지기 때문에 리듬감 있는 예전의 샷으로 회복된다.

B

계속 연습을 한다

조금 휴식이 필요하다. 피로에서 오는 체력 감퇴와 집중력 저하 때문에 미스 샷이 나기 쉽다. 적당한 휴식을 취하여 체력과 집중력을 회복한 후 연습을 재개하는 것이 좋다.

C

귀가한다

그만두는 용기도 필요하지만 스윙이 흐트러진 상태에서는 다음 연습 때에도 똑같은 상황을 맞이하기 쉽다. 반드시 미스 샷의 원인을 살펴본 후 귀가하길 권한다.

과도한 연습은 미스 샷의 원인

많은 아마추어 골퍼들의 공통점 중 하나가 과도한 연습으로 인해 몸에 피로가 쌓인 상태에서 자신도 모르는 사이에 팔에 힘이 들어가 버리는 것을 들 수 있다. 1회의 적당한 연습량으로는 적당히 휴식을 취하면서 1시간 30분에서 2시간에 걸쳐 볼 150개 정도를 치는 것이 좋을 듯하다.

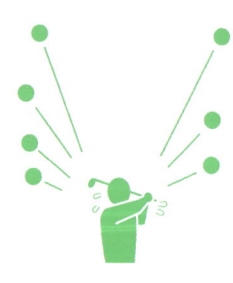

Check! 27

난이도 ★ ★ ★

연습장편

마지막 볼

지식 Knowledge

Q

연습의
마지막 볼이
미스 샷이라면,
당신은
어떤 타입에
속하는가?

코스에서의 멋진 샷을 위하여
효과적인 연습을 하라.

A 납득할 때까지 계속 친다

B 마음에 걸리지만 그냥 귀가한다

C 전혀 개의치 않으면서 귀가한다

해답 27

연습장편
연습의 마지막 볼이 미스 샷이라면, 당신은 어떤 타입에 속하는가?

A

납득할 때까지 계속 친다

어떤 기분인지 알 것 같지만 과도한 연습이 스윙을 망치는 원인을 제공한다는 점을 명심하길 바란다. 연습을 마치고자 할 즈음에 나이스 샷이 나왔다면, 그것을 마지막 볼로 삼고 남아 있는 볼을 아쉬워하지 않으면서 귀가할 정도의 여유를 가지기를 권장한다. 남은 볼보다 자신의 페이스에서 연습을 종료하는 것이 더욱 중요하다.

B

마음에 걸리지만 그냥 귀가한다

납득이 되지는 않겠지만 볼을 치기보다는 볼 없이 스윙을 하면서 타이밍을 확인하길 바란다. 이런 경우, 자택에서 할 수 있는 연습 방법을 익혀두면 많은 도움이 된다. (자세한 내용은 「자택 편」을 참고하길 바란다)

C

전혀 개의치 않으면서 귀가한다

전혀 개의치 않으면서 귀가를 하는 것이 가장 이상적인 연습 종료 방법이다.

클럽별 연습량

볼 100개를 예로 들었을 때, 50개 정도는 미들 아이언, 30개 정도를 어프로치, 나머지 20개를 드라이버나 페어웨이 우드 연습에 할당하라. 연습은 어프로치에서 풀 스윙 순으로 그리고 마지막에 다시 한번 어프로치 연습을 하는 것을 권장한다.

20% 50% 30%

Check! 28
난이도 ★ ★ ★

연습장편
스트레칭

지식 Knowledge

Q
연습 후의 스트레칭은 언제 하는가?

● 연습 전에는 워밍업, 연습 후에는 쿨다운을 위해 스트레칭이 필요하다.

휴식 후

A

연습 직후

B

목욕 후

C

해답 28

연습장편
연습 후의 스트레칭은 언제 하는가?

A 휴식 후

연습 중에는 적당한 휴식이 필요하지만, 연습 후에는 빠른 피로회복을 위하여 곧바로 스트레칭을 하길 바란다.

B 연습 직후

연습 직후에 행하는 스트레칭은 심박수를 조금씩 안정시키는 쿨다운 효과가 있다.

C 목욕 후

골프 스윙은 근육과 관절에 많은 부담을 주기 때문에 그대로 장시간 방치해두면 사용한 근육과 관절이 뻣뻣해진다.

스트레칭 방법

스트레칭은 목과 허리 부근의 근육을 중심으로 시간을 갖고 풀어주길 바란다. 숨을 내쉬면서 천천히 스트레칭을 하면 긴장도 풀리며 신축성 있는 원래의 근육 상태로 되돌릴 수 있다.

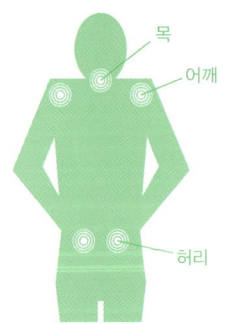

목
어깨
허리

Check! 29

난이도 ★ ★ ★

연습장편
왼손의 굳은살

지식 Knowledge

Q
어느 부분에 굳은살이 있는가?

검지, 중지, 약지의 밑부분

검지, 중지의 밑부분

약지, 새끼손가락의 밑부분

●
왼손에 생긴 굳은살의 위치를 보면 어떤 그립을 하고 있는지 알 수 있다.

해답 29

연습장편
어느 부분에 굳은살이 있는가?

A 검지, 중지, 약지의 밑부분

그립 엔드에 힘이 들어가지 않았기 때문에 헐렁해지기 쉬운 그립이다. 스윙 중에 그립이 손안에서 놀기 때문에 페이스의 방향이 변하기 쉬우며, 볼의 방향성이 나빠진다.

B 검지, 중지의 밑부분

검지에 힘이 들어가면 새끼손가락이 느슨해지기 쉬우며 볼의 방향성이 나빠지는 경우가 생긴다.

C 약지, 새끼손가락의 밑부분

약지, 새끼손가락의 밑부분에 힘이 들어가면 균형 잡힌 그립을 유지할 수 있다. '굳은살이 생기는 것은 그립이 잘못된 것이다'란 의견도 있지만, 꾸준히 연습을 하면 굳은살이 생기는 것도 당연하다.

그립 간단 팁

클럽의 그립은 사용량에 비례하여 마모되며 시간이 흐름에 따라 노후화도 진행된다. 스윙 중에 그립이 미끄러지는 경우가 생기면 새 그립으로 교환할 것을 권장한다. 그리고 손에 굳은살이 생기는 것이 마음에 걸릴 때는 탄력 소재로 된 그립을 선택하는 것도 하나의 방법이다.

Check! 30
난이도 ★ ★ ★

연습장편

장갑

지식 Knowledge

당신의 장갑은?

장갑은 손과 클럽의 접점 역할을 하며 자신의 손에 맞는 것을 사용하는 것이 스코어를 향상시키는 비결이다.

느슨한 편 — A

꽉 조이는 편 — B

딱 맞음 — C

해답 30

연습장편
당신의 장갑은?

A 느슨한 편
장갑이 느슨하면 손바닥과 클럽의 일체감을 느낄 수 없다. 손과 클럽의 접점이 되는 장갑을 고를 때는 그립이 손에 밀착되는 듯한 느낌이 드는지 확인하길 바란다.

B 꽉 조이는 편
장갑은 스윙 도중 그립이 미끄러지는 것을 방지하기 위한 도구이다. 맨손으로 그립을 잡았을 때의 감각과 비슷한 느낌을 느낄 수 있도록 꽉 조이는 장갑을 사용하길 바란다. 단 손가락을 움직일 수 있을 정도의 여유가 있는 사이즈의 장갑을 선택한다.

C 딱 맞음
장갑이 손에 딱 맞다고 느끼는 것은 어딘가가 느슨하다는 증거다. 그리고 장갑은 사용 횟수가 늘어남에 따라 느슨해지기 마련이므로 딱 맞는 사이즈보다 약간 조이는 듯한 사이즈의 장갑을 사용하는 것이 좋다.

장갑 간단 팁

장갑의 사이즈는 손가락 길이에 따라 정해진다. 손바닥과 손가락의 길이가 맞지 않는 경우도 있지만, 약간 작은 사이즈의 장갑을 선택하길 권장한다. 소재의 종류에는 손에 딱 맞는 느낌이 드는 천연가죽, 내구성이 뛰어난 인조가죽 등이 있다.

Check! 31
난이도 ★ ★ ★

연습장편

신발

지식 Knowledge

Q
스윙 밸런스 감각을 익힐 때 좋은 신발은?

● 연습 중에 신는 신발에 따라 스윙 밸런스가 달라진다.

골프화 — A

운동화 — B

테니스화 — C

해답 31
연습장편
스윙 밸런스 감각을 익힐 때 좋은 신발은?

A

골프화
골프화는 밑바닥에 부착된 스파이크와 연습장의 딱딱한 지면 사이에 틈이 생기므로 지면에 발이 닿지 않는 상태가 되며, 바른 발바닥의 균형으로 스윙을 하는 것이 어렵다.

B

운동화
최근의 운동화는 발뒤꿈치 부분에 공기가 들어있고 안창이 두꺼운 타입이 많다. 발뒤꿈치가 높아지면 발뒤꿈치에 중심이 걸리기 쉬워진다.

C
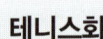
테니스화
테니스화 등 밑바닥이 평평한 신발은 발바닥의 밸런스 감각을 익히는데 최적이다. 발바닥의 감각을 연마하여 균형 잡힌 스탠스와 어드레스를 익히는 것이 바른 스윙을 만드는 지름길이다.

*연습장에서는 미끄러울 수 있으므로 골프화를 착용하길 권한다.

발바닥의 중심 위치

어드레스 상태에서는 발바닥의 모지구(발 앞부분, 그림 참조)에 몸의 중심을 두는 것이 정답이다. 이 위치에 중심을 두면 스윙 밸런스가 좋아지며, 체중 이동도 원활하게 할 수 있다.

모지구

Check! 32

난이도 ★ ★ ★

연습장편

클럽 선택

지식 Knowledge

Q

"클럽을 바꾸는 것이 어때?" 란 조언을 들었을 때, 당신의 반응은?

●
나이스 샷을 위해서는 기량뿐만이 아니라 어떤 클럽을 사용하는가도 중요하다.

신경이 쓰인다

A

개의치 않는다

B

골프 숍에 간다

C

해답 32

연습장편

"클럽을 바꾸는 것이 어때?" 란 조언을 들었을 때, 당신의 반응은?

A 신경이 쓰인다

뭔가 의도를 가지고 조언을 했을 가능성이 높다. 막연히 현재의 클럽이 마음에 안 든다는 생각이 자주 들거나, 5년 정도 지난 클럽인 경우에는 새로운 모델로 바꾸는 것도 하나의 선택 방법이 될 것이다. 어떤 메이커든 최신형 모델이 좋은 성능을 낸다.

B 개의치 않는다

전혀 개의치 않는 골퍼는 클럽에 대한 관심이 전혀 없거나, 반대로 클럽에 대한 애착심이 아주 강한 경우일 것이다. 예전과 달리 생각한 만큼 샷이 잘 구사되지 않을 때에는 클럽이 원인이 아닌가 한 번쯤 검토해 볼 필요가 있다.

C 골프 숍에 간다

클럽을 선택할 때 가장 꼼꼼하게 챙겨야 할 사항이 비거리와 방향성을 좌우하는 샤프트라고 생각하겠지만, 클럽 헤드와 궁합도 잘 맞아야 하기 때문에 전문가에게 자신의 감각(잡았을 때의 느낌이나 휘두르기 쉬운 정도)을 전달하면서 상담을 하는 것이 가장 좋은 방법이다.

클럽 선택의 포인트

클럽의 성능은 눈이 부실 정도로 빠르게 진화하고 있으며 여러 메이커에서 수많은 종류의 클럽이 판매되고 있다. 종류가 풍부한 만큼 선택할 수 있는 폭이 넓어진 게 사실이지만 그만큼 고민도 늘어나지 않았나 생각한다. 그러나 무엇보다도 클럽 무게와 샤프트의 강도만큼은 자신에게 적합한 것을 고르도록 유의한다.

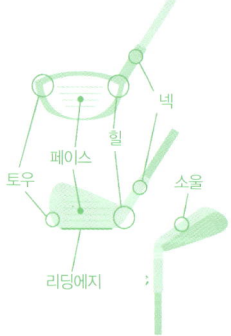

Chapter 2

코스편

Check! 33

난이도 ★ ★ ★

코스편

어드레스 전 확인 사항

어드레스 Address

Q

티 오프하기 전에 가장 먼저 확인해야 할 사항은?

●
티샷을 위한 어드레스를 하기 전에 반드시 확인해야 할 사항에는 순서가 있다.

라이(경사) — A

거리 — B

방향성 — C

해답 33 코스편
티 오프하기 전에 가장 먼저 확인해야 할 사항은?

A

라이(경사)
티잉 그라운드라고 해서 반드시 평평하지는 않다. 경사진 곳에서 날리는 샷은 미스 샷이 날 확률이 높기 때문에, 가능한 한 지면이 평평한 곳에서 어드레스를 하는 것이 좋다.

B

거리
클럽의 로프트 각에 의해 정해져 있는 비거리를 날리기 위해서는 임팩트 때 언제나 일정한 입사각을 유지하는 것이 중요하다. 그리고 목표 방향을 향해 똑바른 자세를 취할 수 있도록 주의해야 한다.

C

방향성
모두 중요하지만 방향성, 라이, 거리의 순으로 확인하길 바란다. 무엇보다 티샷의 비거리에 신경이 쓰일지 모르겠지만, 골프는 샷의 정확성을 겨루는 경기임을 명심하길 바라며 목표 지점을 신중하게 정한 후 안정된 스윙을 할 수 있도록 유의하자.

사다리나 선로를 연상하며 어드레스를 한다

목표 방향보다 오른쪽을 향한 어드레스를 취하는 아마추어 골퍼들이 많다. 어깨, 허리, 무릎, 스탠스의 라인이 비구선과 평행을 이루기 위해서는 사다리나 선로 위에서 자세를 취하는 이미지를 가지고 어드레스를 하면 효과적이다.

Check! 34

난이도 ★ ★ ☆

코스편

샷의 우선순위

어드레스 Address

샷의 우선순위는?

●
티샷에서 어프로치에 이르기까지 모든 샷에 우선순위를 정해놓은 뒤 샷을 하는 것이 스코어 향상에 도움이 된다.

방향성 — A

거리 — B

탄도 — C

해답 34 코스편
샷의 우선순위는?

A 방향성
나이스 샷을 치더라도 방향이 맞지 않으면 스코어 향상과는 거리가 멀어진다. 어드레스의 방향이 맞지 않으면 목표 지점 쪽으로 볼이 날아가지 않음을 명심하라.

B 거리
비거리에만 신경을 쓰면 방향성의 우선순위는 그 다음이 될 가능성이 크다. 방향성을 최우선 과제로 여기면서 샷을 구사하면 클럽의 입사각이 좋아지며, 로프트 각에 의해 정해진 비거리를 낼 수 있게 된다.

C 탄도
탄도에 대해서는 전혀 신경을 쓰지 말고 오로지 방향과 거리를 염두에 두고 샷을 구사하면, 결과적으로 클럽의 로프트 각에 의해 정해진 탄도의 샷을 날릴 수 있게 된다.

거울을 사용하여 어드레스를 확인한다

연습장이나 자택에서 거울에 비춰진 기둥 등에 어깨, 무릎, 스탠스의 라인이 중복되도록 어드레스를 반복적으로 연습하길 바란다.

Check! 35
난이도 ★ ★ ★

코스편
파3홀의 티샷

어드레스 Address

Q
당신의 파3홀의 티샷은?

페어웨이에서 날리는 샷에 비해 파3홀의 티샷은 눈앞에 펼쳐진 경치 등이 압박감으로 작용하는 경우가 많기 때문에 미스 샷이 날 확률이 그만큼 높다.

자주 토핑을 한다

A

자주 뒤땅을 친다

B

페어웨이에서보다 잘 친다

C

해답 35

코스편

당신의 파3홀의 티샷은?

A 자주 토핑을 한다

토핑은 어드레스 때 취한 자세가 흐트러지는 것이 그 원인이다. 허리를 낮게 하고, 복근에 힘을 주고, 천천히 스윙을 한다는 마음을 갖도록 한다. 그리고 아이언 샷은 다운블로의 스윙 궤도이기 때문에 볼 위치는 티업을 하더라도 왼쪽에 둘 필요는 없다.

B 자주 뒤땅을 친다

뒤땅은 손이나 팔에 힘이 너무 많이 들어간 것이 원인이 되어 일어난다. 오른손 그립을 손끝으로 가볍게 잡으면 클럽 헤드의 무게가 느껴져 여유 있는 스윙을 할 수 있게 된다.

C 페어웨이에서보다 잘 친다

바른 스윙을 유지하고 있으면 파3홀의 티샷은 티업을 하기 때문에 페어웨이에서보다 더 잘 구사할 수 있다. 평상시부터 티업한 볼을 치는 연습을 해둠으로써 안정된 샷을 구사하도록 한다.

잔디를 이용한 절호의 라이를 만드는 법

티잉 그라운드의 경사지를 피해 잔디가 고르게 잘 자라 있는 곳을 고른 후, 티펙 대용으로 약간 잔디를 세운 다음 그 곳에 볼을 놓으면, 그 곳이 절호의 라이이며 샷을 편하게 날릴 수 있다.

❶ 클럽을 이용하여 잔디를 세운다.

❷ 볼을 잔디 위에 놓는다.

Check! 36

난이도 ★ ★ ★

코스편

경사지에서의 스탠스

어드레스 Address

Q

발가락 쪽 경사가 낮은 곳에서의 스탠스는?

경사지에서의 샷에 대비한 스탠스에 대해 알아보자.

연다

직각

앞쪽을 좁게 한다

해답 36 코스편
발가락 쪽 경사가 낮은 곳에서의 스탠스는?

연다
몸의 중심 밸런스는 발 앞쪽을 열고 닫음에 따라 조절할 수 있다. 발 앞쪽의 경사가 낮은 곳에서는 밸런스를 잡기 위하여 발 앞쪽의 폭을 발뒤꿈치에 비해 넓게 가져감으로써 결과적으로 발뒤꿈치 쪽에 몸의 중심을 실을 수 있다.

직각
평평한 장소에서의 스탠스다. 발 앞쪽의 경사가 낮은 곳에서 직각으로 스탠스를 취하면, 몸의 중심이 발 앞쪽에 쏠려 다운 스윙 때 앞쪽으로 몸이 비틀거리기 때문에 슬라이스가 나기 쉽다.

앞쪽을 좁게 한다
발 앞쪽의 경사가 높은 장소에서의 스탠스다. 발 앞쪽의 경사가 높은 경사지에서는 발뒤꿈치 쪽에 몸의 중심이 쏠리기 때문에, 발 앞쪽의 폭을 좁히는 것으로 균형 잡힌 자세를 취할 수 있다.

발목의 유연성 체크

경사지에서의 스탠스는 발목의 유연성을 필요로 하기 때문에 평소 때부터 이에 대비하여 발목 스트레칭을 하는 것이 좋다.
발목의 유연성을 확인하는 방법은 다음과 같다. 발뒤꿈치를 지면에 붙인 채 천천히 앉아본다. 발목이 유연하면 밸런스를 흩트리지 않은 채 자세를 낮출 수 있다.

발뒤꿈치를 지면에 붙인 채 천천히 앉는다.

발목이 유연하면 밸런스를 흩트리지 않은 채 자세를 낮출 수 있다.

Check! 37
난이도 ★ ★ ★

코스편
라운드 중 주의사항

샷 Shot

Q
라운드 중에 가장 주의해야 할 사항은?

●
라운드 중에는 많은 것을 생각하기보다, 주의하지 않으면 안 될 사항만을 명심하면서 라운드에 임하는 것이 중요하다.

스윙 — A

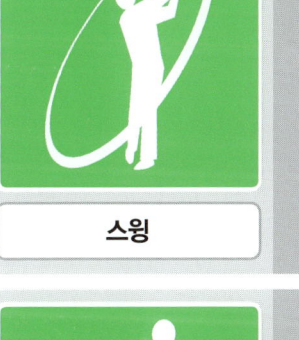

밸런스 — B

리듬 — C

해답 37 코스편
라운드 중에 가장 주의해야 할 사항은?

A  스윙

라운드 중에 스윙에 대해 이것저것 생각하는 것은 좋은 습관이 아니다. 그래도 스윙에 신경이 쓰인다면, 평소 때 주의하고 있는 점 하나만을 의식하면서 스윙을 한다.

B  밸런스

리듬 다음으로 중요한 것이 밸런스다. 라운드 중에는 다양한 조건(경관, 동반 경기자, 컨디션 등)이 원인이 되어, 손이나 어깨에 힘이 들어간 나머지 전체의 밸런스가 흐트러지게 되는 경우가 허다하다. 손의 힘을 빼고 평상심을 가진 상태에서 스윙에 임하도록 한다.

C 리듬

라운드 중에는 다양한 조건이 원인이 되어, 스윙 리듬이 빨라지는 경우가 허다하다. 특히 샷을 하기 전이나 코스를 이동할 때도 리듬에 신경 쓰길 바란다. 리듬을 의식하는 것만으로도 샷은 많이 개선된다.

스윙 리듬을 익힌다

스윙을 할 때에는 어드레스 1, 테이크 백에서 톱까지 2, 다운 스윙에서 피니시까지 3의 리듬을 명심하라. 그리고 2에서 3으로 옮겨가는 과정에서 조금 간격을 두면 한층 여유 있는 스윙 리듬을 유지할 수 있다.

Check! 38

난이도 ★ ★ ★

코스편

미스 샷이 계속 날 때

샷 Shot

Q

토핑이나 뒤땅 등의 미스 샷이 계속 날 때는?

●
미스 샷을 연발할 때의 대처 방법을 익혀두면, 서두르지 않고 안정된 상태에서 라운드가 가능하다.

A 클럽 헤드를 예각으로 유지한 채 볼을 친다

B 오른발 뒤꿈치를 든 채 볼을 친다

C 헤드업을 유의하며 볼을 친다

해답 38

코스편

토핑이나 뒤땅 등의 미스 샷이 계속 날 때는?

A. 클럽 헤드를 예각으로 유지한 채 볼을 친다

클럽 헤드를 예각으로 유지한 채 스윙을 한다 하더라도 토핑이나 뒤땅 등의 미스 샷이 해결되지는 않는다. 그리고 라운드 중 스윙을 바꾸는 것은 스윙 리듬이나 스윙 밸런스를 무너뜨리는 원인이 되기도 한다.

B. 오른발 뒤꿈치를 든 채 볼을 친다

오른쪽 사이드(어깨, 무릎)가 비구선 방향으로 나오는 것이 뒤땅이 나는 원인 중 하나이며, 이럴 때는 오른발 뒤꿈치를 들고 스윙을 하는 것으로 볼에 정확한 임팩트를 가할 수가 있다. 그리고 토핑의 원인인 상체가 일어서지는 것도 오른발 뒤꿈치를 든 상태에서 스윙을 하는 것으로 해결할 수 있다.

C. 헤드업을 유의하며 볼을 친다

토핑을 하는 골퍼에게 헤드업을 지적하는 장면을 자주 목격하지만, 그것만으로 토핑이 해결되는 것은 아니며 오히려 볼의 위치에 주의를 기울이는 것이 보다 효과적인 해결책이라고 할 수 있다. 특히 아이언 샷에서는 스탠스 중간 지점보다 볼이 왼쪽이 놓여 있을 때 토핑이 나기 쉽다는 점을 명심하도록 한다.

스윙 중에는 축과 시선의 어긋남에 주의한다

토핑이나 뒤땅 등의 미스 샷은 상체가 상하로 이동하는 것이 원인이 되어 일어난다. 등에 올려 둔 책을 떨어뜨리지 않겠다는 이미지를 떠올리며 스윙 연습을 한다.

Check! 39

난이도 ★ ★ ★

코스편

생크가 날 때

샷 Shot

Q
생크가 나면?

임팩트를 멈춘다 — A

페이스를 닫은 상태로 볼을 친다 — B

오른발 뒤꿈치를 든 상태에서 볼을 친다 — C

●
생크가 날 때의 대처 방법을 알아두면 서두르지 않고 안정된 상태에서 라운드에 임할 수 있다.

해답 39 [코스편] 생크가 나면?

A 임팩트를 멈춘다

임팩트 순간에 스윙을 멈추려고 하면, 다운 스윙 때 비구선 방향으로 손이 나오기 때문에 클럽 헤드의 힐 부분에 볼이 닿게 되어 생크가 난다.

B 페이스를 닫은 상태로 볼을 친다

클럽 페이스를 닫은 상태로 스윙을 하면 훅이 나기 때문에 이 방법이 근본적인 해결책이라고 할 수 없다. 손으로만 볼에 임팩트를 가하지 말고 마지막까지 클럽을 휘두르는 스윙이 되도록 시도한다.

C 오른발 뒤꿈치를 든 상태에서 볼을 친다

생크는 오른쪽 어깨, 오른손, 오른쪽 무릎 등, 몸의 오른쪽 사이드가 다운 스윙 때 비구선 방향으로 나올 경우 스윙궤도가 흐트러져 생긴다. 오른쪽 사이드가 나오지 않도록 하기 위한 해결 방법 중 하나가 오른발 뒤꿈치를 든 상태에서 스윙을 하는 것이다.

몸과 볼 사이의 거리를 체크한다

오른쪽 사이드가 비구선 방향으로 나오는 원인 중 하나가 너무 볼에 근접한 상태에서 즉, 너무 선 자세로 어드레스를 취하는 것이다. 특히 연습장에서와는 달리 코스에서는 볼과의 거리가 좁은 어드레스를 취하는 골퍼들이 많다. 항상 어드레스 상태에서 볼과 몸의 거리에 주의를 기울이도록 한다.

발가락 끝에 중심을 두고 의식적으로 볼과 거리를 두는 어드레스를 취한다.

Check! 40

난이도 ★ ★ ★

코스편

페어웨이 벙커

샷 Shot

150야드 떨어진 그린을 공략할 수 있는 상태는?

●

벙커에서는 턱이 높거나 라이의 상태에 따라 샌드 웨지 이외의 클럽을 선택할 수도 있다는 사실을 알아두도록 한다.

턱의 높이가 50센티미터

A

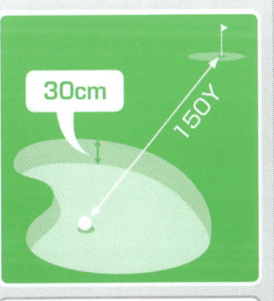

턱의 높이가 30센티미터

B

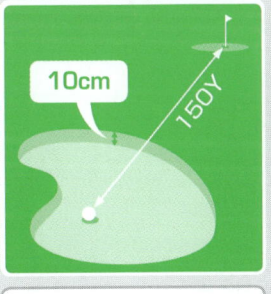

턱의 높이가 10센티미터

C

해답 40 코스편
1500야드 떨어진 그린을 공략할 수 있는 상태는?

턱의 높이가 50센티미터
턱이 높기 때문에 로프트 각이 큰 9번 아이언이나 피칭 웨지 등으로 벙커에서 탈출하는 것을 최우선 과제로 삼아야 한다. 온 그린은 다음 샷으로 확실하게 공략한다.

턱의 높이가 30센티미터
턱이 조금 높기 때문에 망설여지긴 하지만, 라이 상태가 나쁘지 않다면 (나쁜 경우: 왼발 쪽 경사가 낮다든지, 움푹 팬 곳에 볼이 정지해 있다든지) 온 그린을 노릴 수 있는 클럽으로 적극적으로 공략한다. 단, 볼과 턱 사이에 어느 정도 거리가 있는 경우에 한해서이다.

턱의 높이가 10센티미터
턱이 낮기 때문에 라이 상태가 나쁘지 않다면, 온 그린을 노릴 수 있는 클럽으로 적극적으로 공략한다.

벙커에서의 풀 샷

페어웨이 벙커에서 풀 샷을 할 때에는 스탠스 폭은 넓게, 그립은 약간 짧게 잡고 볼의 윗부분에 임팩트를 가하도록 (토핑하는 것처럼) 스윙을 한다.

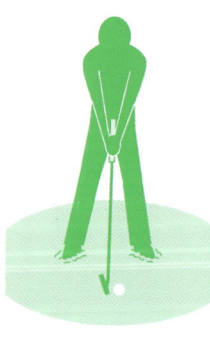

Check! 41

난이도 ★ ★ ★

코스편

퍼팅에서의 우선순위

샷 Shot

Q
퍼팅에서의 우선순위는?

● 퍼팅에서 주의해야 할 점이 여러 가지 있지만 한 가지에만 주의를 기울인다.

A 세기

B 굴리기

C 라이

해답 41
코스편
퍼팅에서의 우선순위는?

A

세기
퍼팅의 강약만을 염려하면 그린의 경사나 잔디결의 라인을 파악하는 것에 소홀하기 쉽다.

B

굴리기
거리나 방향보다 볼이 굴러가는 것에 (또는 볼 굴리기) 신경을 쓰면서 퍼팅을 하면, 홀인에 대한 이미지를 그리기가 쉬워진다. 스트로크에도 집중할 수 있기 때문에 좋은 결과로 이어질 확률이 높아진다.

C

라이
라이에만 신경을 빼앗기면 거리가 맞지 않을 가능성이 많다. 볼이 굴러가는 속도도 계산하면서 스트로크해야 한다.

볼 구름을 좋게 한다

퍼터의 중심에 볼을 맞히기 위해서는 도중에 페이스의 방향이 바뀌지 않으면서 일직선으로 움직이는 스트로크를 해야 한다. 그리고 페이스를 아래에서 위로 스트로크를 하면 볼에 순회전이 걸려 볼의 구름이 좋아진다.

Check! 42

난이도 ★ ★ ★

코스편

라운드 중 대기 장소

매너 Manner

Q

동반 경기자가 어드레스에 들어갔을 때, 자신의 대기 장소는?

●
동반 경기자가 샷을 할 때 매너에 위반되는 대기 장소가 더러 있다.

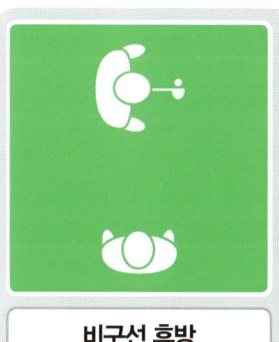

A 비구선 후방

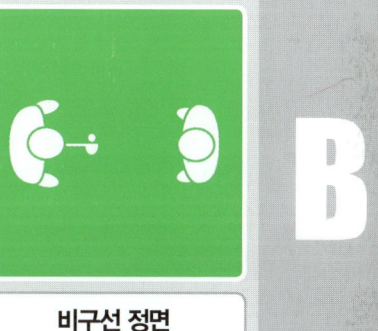

B 비구선 정면

C 비구선 우측 후방

해답 42 [코스편]
동반 경기자가 어드레스에 들어갔을 때, 자신의 대기 장소는?

A

비구선 후방
비구선 후방은 플레이어의 시계에 들기 때문에 매너에 위반된다.

B

비구선 정면
플레이어의 정면은 시야에 들어가며 또한 타구 사고의 위험성이 있으므로 필히 피해야 한다.

C

비구선 우측 후방
플레이어의 우측 후방은 시계에 들지 않을 뿐만 아니라 타구도 확인할 수 있기 때문에 그 부근에서 대기하도록 한다.

동반 경기자가 샷 중에는 조용히 합시다!

플레이어가 어드레스에 들어가면 연습 스윙이나 소리를 내는 등의 행동을 삼가하고, 타구의 낙하지점을 확인하도록 한다.

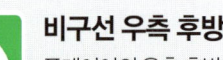

Check! 43

난이도 ★ ★ ★

코스편
샷 순서

매너 Manner

Q
바른 샷의 순서는?

●
티샷을 제외하고는 핀까지의 거리가 먼 골퍼의 순서대로 샷을 한다.

홀에서 먼 순서대로

A

동반 경기자가 트러블 중일 때는 먼저

B

거리가 같은 경우 경사 내리막 볼부터 먼저

C

해답 43

코스편

바른 샷의 순서는?

A

홀에서 먼 순서대로

핀이 꽂혀져 있을 때는 온 그린하지 않은 골퍼부터 먼저 샷을 한다. 단 핀을 뽑았을 경우에는 홀에서 먼 순서대로 퍼팅을 한다.

B

동반 경기자가 트러블 중일 때는 먼저

동반 경기자가 그린 주변에서 트러블 중일 때는 경기진행을 원활하게 하기 위해 준비된 플레이어부터 먼저 샷(또는 퍼팅)을 한다.

C

거리가 같은 경우 경사 내리막 볼부터 먼저

반드시 내리막 퍼팅을 먼저 하란 법은 없다. 홀까지의 거리가 같은 경우에는 서로 의사를 확인하여 퍼팅 순서를 정한다.

"먼저 홀 아웃 하겠습니다"는 원그립 이내에서만

홀까지의 거리가 얼마 되지 않을 경우 "먼저 홀 아웃 하겠습니다"란 말과 함께 퍼팅을 끝내는 경우가 흔히 있지만 이것은 경기진행을 빨리 하기 위한 하나의 매너다. 일반적으로 홀까지의 거리가 원그립 이내일 때, 동반 경기자의 라인(홀과 볼을 잇는 가상선)을 밟지 않도록 조심하면서 먼저 퍼팅을 끝내는 것이 매너이다.

원그립 이내

Check! 44
난이도 ★ ★ ★

코스편
제한 시간
매너 Manner

Q
샷 하기까지의 제한 시간은?

느린 경기 진행은 여러 가지 문제를 일으킨다. 벌타나 경기 실격으로 취급되는 경우도 있으므로 주의한다.

A 20초

B 40초

C 60초

해답 44 코스편
샷 하기까지의 제한 시간은?

A

20초
느린 것보다는 빠른 것이 낫지만 급하게 서두르다 보면 미스 샷의 횟수가 증가하여 오히려 시간을 더 소비하는 경우도 생긴다.

B

40초
프로골퍼의 경기에서는 40초 이내에 샷을 하는 것이 규칙으로 되어있다. 최근에 문제시되고 있는 느린 경기진행도 40초 규칙을 의식하면서 라운드하는 것으로 해결되므로 이 시간을 가능하면 준수하도록 한다.

C

60초
티샷과 퍼팅에 한해서는 제한시간이 50초로 규정되어 있다. 다음 경기자가 좋은 리듬 하에 경기를 진행할 수 있도록 배려하는 차원에서도 적절한 간격으로 경기를 진행하길 바란다.

경기 시간을 단축하는 요령

샷의 낙하지점을 정확히 확인하는 것과, 두 번째 샷부터는 몇 개의 클럽을 (어프로치 샷일 때는 퍼터도) 가지고 이동하는 것으로 경기 시간이 많이 단축된다. 또한 그린에서는 동반 경기자가 퍼팅하는 시간을 이용하여 자신의 라이를 읽어두는 등, 언제나 다음 행동을 염두에 두면서 라운드한다.

Check! 45

난이도 ★ ★ ★

코스편

스코어 기입 장소

매너 Manner

Q
어느 지점에서 스코어를 기입하는가?

바람직한 장소에서 스코어를 기입하는 것으로 느린 경기진행의 개선이나 사고를 미연에 방지할 수 있다.

A 그린 주위

B 다음 홀의 티잉 그라운드

C 승용카트

해답 45

코스편
어느 지점에서 스코어를 기입하는가?

A 그린 주위

전원 홀 아웃한 후에는 다음 조를 위하여 신속히 그린을 떠나는 것이 바람직하다. 그리고 그린 주위에서 스코어를 기입하면 클럽을 분실하기 쉽다.

B 다음 홀의 티잉 그라운드

홀 아웃 후에는 신속히 그린을 떠나 다음 홀의 티잉 그라운드로 이동한 후, 거기서 스코어를 기입하길 바란다. 단 티샷을 할 차례가 되었다면 스코어 기입보다는 티샷을 먼저 한다. 매 홀이 끝날 때마다 반드시 스코어를 기입해야 한다는 규칙은 없다.

C 승용카트

카트 주행 중에 스코어를 기입하다가 카트에서 떨어져 사고를 당하는 경우가 늘어나고 있다. 카트로 이동 중에는 무엇보다 안전에 유의하도록 한다.

다른 조가 경기 중일 때는 조용히 한다

다음 홀의 티잉 그라운드로 이동하였을 때, 앞 조가 티샷을 날리고 있는 장면을 자주 목격한다. 앞 조가 경기 중일 때 큰소리로 스코어 확인을 하는 등의 행위는 삼가하도록 한다.

Check! 46

난이도 ★ ★ ★

코스편

스코어 기입 방법

매너 Manner

Q

파5홀에서 3온 3퍼트 하였을 때, 바른 스코어 기입 방법은?

●
골프에서는 스코어를 기입하는 것과 제출하는 것도 경기에 포함된다.

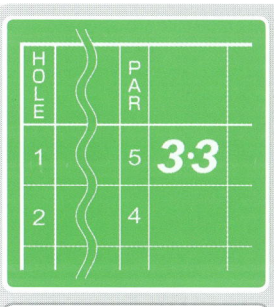

3온, 3퍼트

1오버

6타

해답 46
코스편
파5홀에서 3온 3퍼트 하였을 때, 바른 스코어 기입 방법은?

A

3온, 3퍼트
샷 횟수와 퍼팅 횟수를 명확히 하기 위해 이렇게 기입하는 골퍼들도 있지만, 온 그린한 횟수만 기입하는 실수를 범하는 경우가 생겨 낭패를 보게 되는 경우가 있다. 반드시 실제 타수의 합계를 기입하도록 한다.

B

1오버
총 타수를 계산하기 쉽다는 이점 때문에 국내에서 주로 사용하는 방법이지만, 실제 타수를 기입하는 것이 국제 룰에 맞는 방법이다.

C

6타
실제 타수의 합계를 기입하는 것이 표준적인 스코어 기입 방법이다. 프로골퍼의 시합에서는 마커 제도(동반 경기자의 스코어를 기입)를 도입하고 있다. 동반 경기자의 스코어도 바르게 기입하도록 한다.

라운드 중에는 언제나 스코어에 유의한다

골프는 행한 샷을 머리 속으로 생각하면서 스코어를 계산하고 상황 판단을 하는 스포츠임을 명심한다.

Check! 47
난이도 ★ ★ ★

코스편
어드바이스
룰 Rule

Q
어떤 클럽을 선택해야 할지 망설여질 때는?

파3홀의 티샷에서 어떤 클럽을 선택해야 할지 망설여지는 경우가 많다.

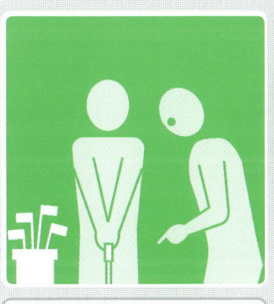

A 몇 번을 잡았는지 물어본다

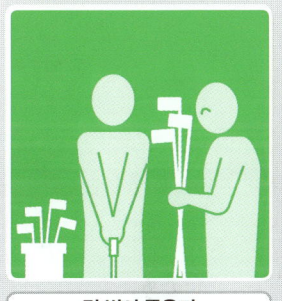

B 몇 번이 좋은지 도움을 받는다

C 캐디백을 기웃거리면서 몇 번을 잡았는지 확인한다

해답 47 코스편
어떤 클럽을 선택해야 할지 망설여질 때는?

A 몇 번을 잡았는지 물어본다

잡고 있는 클럽을 물어보는 것과 질문에 대답하는 것, 둘 다 2벌타에 해당한다.

B 몇 번이 좋은지 도움을 받는다

잡을 클럽에 대해 어드바이스를 구하는 것과 질문에 대답하는 것, 둘 다 2벌타에 해당한다. 경기 중 상담할 수 있는 사람은 캐디와 파트너(팀 시합일 경우)뿐이다.

C 캐디백을 기웃거리면서 몇 번을 잡았는지 확인한다

캐디백 속을 넌지시 살펴보면서 몇 번을 잡았는지 확인하는 것은 벌타와 관계없다. 단 캐디백이나 캐디백 속의 클럽을 만지면 2벌타에 해당한다.

벌타에 해당하지 않는 어드바이스는?

동반 경기자에게 해저드나 핀의 위치, 거리나 규칙 등을 묻거나 또한 대답을 하는 것은 벌타와 무관하다.

Check! 48

난이도 ★ ★ ★

코스편

분실구

룰 Rule

Q
분실구에 대한 바른 처치는?

2벌타와 드롭

벌타 없이 원래 장소에서

1벌타와 원래 장소에서

● 분실구는 흔히 경험하는 경우이므로 벌타나 대처법을 알아두도록 한다.

해답 48 코스편
분실구에 대한 바른 처치는?

A **2벌타와 드롭**
오소 플레이가 되며 그대로 홀 아웃한 경우, 다음 티샷을 하는 시점에서 경기 실격으로 처리된다.

B **벌타 없이 원래 장소에서**
플레이하는 장소는 맞지만, 볼을 분실하였기 때문에 벌타가 더해진다.

C **1벌타와 원래 장소에서**
볼을 찾기 시작한 이후 5분 이내에 찾지 못했을 경우 분실구로 처리된다. 원 위치가 티잉 그라운드였을 경우에는 티업, 그 외의 경우에는 분실구를 샷한 지점에서 가장 가까운 지점에 볼을 드롭한 후 경기를 재개한다.

잠정구에는 표시를 해둔다

OB방향이거나 분실할 우려가 있는 장소로 볼이 날아간 경우에는 잠정구 선언을 한 후 다시 샷을 할 수 있다. 잠정구에는 먼저 샷한 볼과 구별이 되도록 적당한 표시를 해 두는 것이 바람직하다.

Check! 49

난이도 ★ ★ ★

코스편

볼에 닿았을 때

룰 Rule

Q
벌타에 해당하는 것은?

골프는 자연을 만끽하면서 행하는 스포츠이며 자신의 의도와는 관계없이 볼이 몸에 닿는 경우가 생긴다.

무심코 볼을 찼다

드롭한 볼에 닿았다

클럽에 볼이 닿아 볼이 흔들렸다

해답 49

코스편

벌타에 해당하는 것은?

A  무심코 볼을 찼다

인 플레이중인 볼을 움직였을 때는 1벌타이며, 움직인 볼은 원래 위치로 돌려놓아야 한다. 깊은 러프나 낙엽 속에 볼이 정지해 있을 경우에 주의하도록 한다.

B  드롭한 볼에 닿았다

드롭한 볼이 자신에게 닿았을 경우에는 벌타 없이 다시 드롭한다. 2회째 드롭하였을 때에도 볼에 닿았다면 볼을 플레이스(지면에 놓는 행위) 한다.

C  클럽에 볼이 닿아 볼이 흔들렸다

볼이 흔들렸다 하더라도 움직이지 않았다면 벌타에 해당하지 않는다. 단 볼이 원래 위치에서 움직였다면 1벌타에 해당한다.

동반 경기자의 볼을 움직였을 경우에는?

동반 경기자의 볼을 움직였을 경우는 벌타에 해당하지 않는다. 볼을 움직였던 경기자나 볼 주인이 볼을 리플레이스한 후 경기를 재개한다.

Check! 50

난이도 ★ ★ ★

코스편

볼이 저절로 움직였을 때

룰 Rule

Q
벌타에 해당하는 것은?

●
골프는 자연 속에서 행하는 스포츠이므로, 볼이 저절로 움직이는 경우도 생긴다.

어드레스 중에 바람이 불어 볼이 움직였다

나뭇가지를 집어 들었을 때 볼이 움직였다

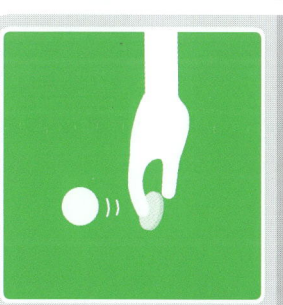

마크할 때 볼이 움직였다

해답 50 [코스편]
벌타에 해당하는 것은?

A

어드레스 중에 바람이 불어 볼이 움직였다

어드레스 자세를 취한 후에 볼이 움직였다면 1벌타에 해당한다. 그러므로 어드레스를 취한 후에는 되도록 빨리 샷을 하는 것이 좋다.

B

나뭇가지를 집어 들었을 때 볼이 움직였다

돌, 나뭇잎, 나뭇가지, 곤충 등의 자연물을 루스 임페디먼트라 하며, 아무런 제약 없이 제거할 수 있지만 단, 제거 도중에 볼이 움직였다면 1벌타에 해당하므로 루스 임페디먼트를 제거할 때에는 신중을 기해야 한다.

C

마크할 때 볼이 움직였다

마킹 중에는 볼이 움직이더라도 벌타에 해당하지 않는다.

볼이 움직이기 쉬운 장소는?

바람에 의해 볼이 움직이기 쉬운 곳은 잔디를 짧게 깎아 놓은 경사진 곳이다. 경사가 있는 그린에서는 특히 조심하도록 한다.

"스르르"

Check! 51
난이도 ★ ★ ★

코스편

볼이 무언가에 맞았을 때

룰 Rule

Q
벌타에 해당하는 것은?

볼은 목표 지점 이외의 장소로도 곧잘 날아가므로, 라운드 중 주위 상황을 잘 파악하도록 한다.

정지해 있는 카트에 맞았다

동반 경기자에 맞았다

동반 경기자의 볼에 맞았다

해답 51 코스편
벌타에 해당하는 것은?

A

정지해 있는 카트에 맞았다

공용으로 사용하는 카트에 볼이 맞았을 경우는 1벌타에 해당하며, 볼이 정지한 곳에서 경기를 속행하면 된다. 카트에 적재된 모든 물건은 카트를 공용하고 있는 모든 경기자의 휴대품으로 간주되기 때문에 벌타에 해당한다.

B

동반 경기자에 맞았다

벌타에는 해당하지 않지만 위험하기 때문에 주위의 안전을 확인한 후 샷을 해야 한다. 그리고 라운드 중 샷 중인 경기자(또는 동반 경기자)보다 앞쪽(비구선 방향)으로 동반 경기자(또는 경기자)가 나아가지 않도록 주의해야 한다.

C

동반 경기자의 볼에 맞았다

샷을 한 장소가 그린일 경우를 제외하고는 벌타 없이 볼이 정지한 지점에서 다음 샷을 속행하며, 동반 경기자의 볼은 원래 위치로 되돌린다. 그린 위에서 동반 경기자의 볼을 맞혔을 때에는 2벌타에 해당하므로 동반 경기자에게 마킹하기를 요청한다.

승용카트의 정차 위치

승용카트는 경기자로부터 100야드 이상 떨어진 후방에 정차하는 것이 좋다. 그리고 그린 주위에서는 경기진행을 염두에 둔 곳 즉, 다음 홀의 티잉 그라운드로 이동하기 쉬운 지점에 정차시키는 것이 매너다.

Check! 52

난이도 ★ ★ ★

코스편

벙커

룰 Rule

Q
벙커에서 벌타에 해당하는 것은?

● 벙커만의 특별한 룰이 있다.

A 나뭇잎을 치웠다

B 레이크를 치웠다

C 모래를 치웠다

해답 52 코스편
벙커에서 벌타에 해당하는 것은?

A. 나뭇잎을 치웠다

벙커 안은 다른 장소와 달리, 루스 임페디먼트를 치우면 2벌타에 해당한다. 클럽 헤드를 모래 위에 내려놓거나, 테이크 백 중에 클럽 헤드가 모래에 닿아도 2벌타에 해당한다.

B. 레이크를 치웠다

벙커 레이크(벙커 내 모래를 정돈할 때 사용하는 도구)는 움직일 수 있는 장해물이기 때문에 벌타 없이 치우는 것이 가능하다. 벙커 샷 후 모래를 정돈한 다음, 레이크는 벙커 출입구 중 가능하면 위치가 낮은 곳에 놓아 둘 것을 권장한다.

C. 모래를 치웠다

자신의 볼인지 확인이 안 될 때는 확인 가능한 범위 내에서 모래를 걷어내는 것이 가능하다. 단, 확인한 다음에는 원래 상태대로 모래를 볼 위에 덮은 뒤 샷을 하여야 한다.

벙커 내 물이 고인 곳에 볼이 정지해 있다면?

벙커 내 물이 고여 있는 곳에 볼이 정지해 있을 경우에는 핀에 근접하지 않는 범위 내에서 벙커 내 다른 곳에 벌타 없이 드롭하는 것이 가능하다. 단, 드롭할 장소가 벙커 내에 없을 경우에는 1벌타를 더한 후, 볼과 홀 컵을 연결하는 후방 연장 선상에 위치하는 벙커 밖의 지점에 볼을 드롭하는 것이 가능하다.

Check! 53

난이도 ★ ★ ★

코스편

홀인했을 때

룰 Rule

Q
그린 위에서 홀인했을 때, 벌타에 해당하는 것은?

예상치 못한 홀인은 더할 나위 없이 기쁘지만, 벌타로 인정되면 엄청난 충격을 받게 된다.

카트에 맞고 홀인한 경우

A

퍼팅한 볼이 핀에 맞고 홀인한 경우

B

동반 경기자에 맞고 홀인한 경우

C

해답 53 코스편
그린 위에서 홀인했을 때, 벌타에 해당하는 것은?

A

카트에 맞고 홀인한 경우

홀인은 인정되지만 승용카트는 휴대품에 해당되므로 1벌타를 더해야 한다. 샷 전에 카트 위치를 꼭 확인한다.

B

퍼팅한 볼이 핀에 맞고 홀인한 경우

홀인은 인정되지만 그린 위에서 퍼팅한 볼이 핀에 맞게 되면 2벌타를 더해야 한다. 단, 그린 밖에서 퍼팅한 볼은 핀에 맞더라도 무벌타다.

C

동반 경기자에 맞고 홀인한 경우

그린 밖에서의 샷이나 퍼팅한 볼이 동반 경기자에 맞은 후 홀인하였다면 무벌타로 인정한다. 그러나 그린 위에서 퍼팅한 볼이 동반 경기자에 맞고 홀인하였다면 벌타 없이 원래 위치에서 다시 퍼팅을 해야 한다. 반드시 샷이나 퍼팅을 하기 전에 동반 경기자의 위치를 확인하도록 하자.

핀에도 주의를 기울인다

이미 뽑아 눕혀둔 핀이라 하더라도 그린 위에서 스트로크한 볼이 핀에 맞았다면 2벌타에 해당한다.

Check! 54
난이도 ★ ★ ★

코스편
마크
룰 Rule

Q
마커로 사용할 수 있는 것은?

원칙적으로 티샷을 날린 후 볼이 온 그린 하기까지는 볼을 만질 수 없지만, 그린에 한해서는 볼이 정지한 위치에 마킹을 한 후 볼을 집어 들 수 있으며, 더러워진 부분을 깨끗이 할 수도 있다.

A 티펙

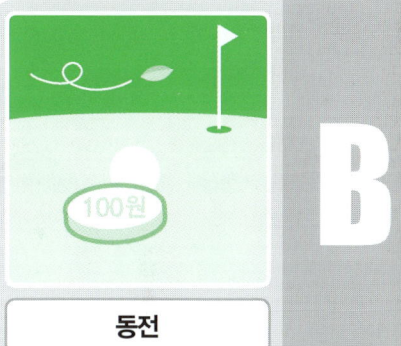
B 동전

C 스코어 카드

해답 54

코스편
마커로 사용할 수 있는 것은?

A 티펙
벌타에 해당하지는 않지만 그린에 티펙을 꼽으면 그린이 상처를 입기 때문에 좋은 매너라고 할 수 없다.

B 동전
골프 룰에는 '작은 코인이나 동등의 물건'이 마커로 규정되어 있긴 하지만 구체적으로 정해진 규정은 없다. 그린을 손상시키지 않으면서 볼 위치를 명확히 할 수 있고, 동반 경기자의 플레이에 지장을 주지 않는 물건을 볼 마커로 사용하면 된다.

C 스코어 카드
벌타에 해당되지는 않지만 스코어 카드는 바람에 실려 날아가기 쉽다. 마커가 날아간 경우에는 가능한 원래 위치 가까운 지점에 플레이스하여야 한다.

추천할 만한 마커

골프 룰에 마커에 관한 구체적인 규정이 없기 때문에 현재 다양한 종류의 마커가 시판되고 있다. 골프장에 비치되어 있는 마커는 얇으면서 가볍고, 그린에 꽂을 수 있다는 장점을 가지고 있으므로 사용할 것을 권장한다.

Check! 55
난이도 ★ ★ ☆

코스편
미스 샷이 났을 때

멘탈 Mental

Q

첫 홀, 첫 타에서 미스 샷이 났을 때, 당신의 반응은?

● 미스 샷이 나더라도 생각하기에 따라 그 결과는 상당히 달라진다.

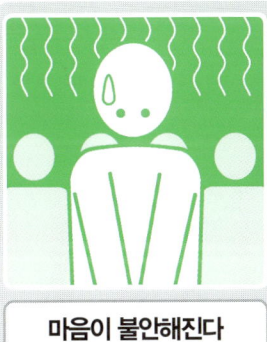

마음이 불안해진다

개의치 않는다

다음 샷에서 만회를 노린다

해답 55 — 코스편
첫 홀, 첫 타에서 미스 샷이 났을 때, 당신의 반응은?

A  마음이 불안해진다

미스 샷이 난 후에 아무리 후회를 한들 그 결과는 달라지지 않는다. 기분 전환을 한 후 자신감을 가지고 다음 샷을 준비하도록 한다.

B  개의치 않는다

이런 마음가짐을 가지는 것이 가장 중요하다. 나쁜 결과에 연연하지 않으면서 다음 샷에 집중하는 것이 좋은 결과로 연결된다.

C  다음 샷에서 만회를 노린다

미스 샷 후에 만회를 노리기보다는 무리 없는 견실한 샷을 날리겠다고 마음먹는 것이 중요하다.
"골프에 9회말 역전 홈런은 존재하지 않는다."
– 베이브 루스

기분 전환을 한다

미스 샷이 나면 '자신감을 잃어버린다', '마음이 불안해진다' 등 부정적인 사고를 하게 되는 경우가 허다하다. 크게 심호흡을 하거나 음료수를 마시면서 기분 전환을 하는 것이 좋다. 미스 샷이 난 것을 반성하거나 후회하기보다는 다음 샷에서 나이스 샷을 날리는 자신을 상상하도록 한다.

Check! 56

난이도 ★ ★ ★

코스편

미스 샷에 대한 압박감

멘탈 Mental

Q
압박감을 가장 심하게 느껴야하는 상황은?

●
미스 샷을 날리기 싫다는
마음은 누구나 마찬가지겠지만,
대응하는 자세에 따라 그
결과가 많이 달라진다.

첫 홀에서의 티샷

페어웨이가 좁은 홀의 티샷

내리막 슬라이스 퍼팅

해답 56

코스편

압박감을 가장 심하게 느껴야하는 상황은?

A

첫 홀에서의 티샷

첫 홀에서의 티샷은 몸이 아직 안 풀려 있을 뿐 아니라 티잉 그라운드 주위에서 갤러리들이 보고 있기 때문에 특히, 라운드 경험이 적은 골퍼일수록 많은 압박감을 느끼게 된다. 그러나 자신이 생각하는 만큼 다른 골퍼들이 자신의 샷을 보고 있지 않으므로 미스 샷이 나더라도 괜찮다는 기분으로 샷을 하도록 한다.

B

페어웨이가 좁은 홀의 티샷

바른 어드레스와 리듬 좋은 스윙에 신경을 쏟는다면 아무런 문제가 없다. 단 슬라이스성 구질을 가진 골퍼는 오른쪽 OB, 훅성 구질을 가진 골퍼는 왼쪽 OB에 주의한다.

C

내리막 슬라이스 퍼팅

내리막 퍼팅은 조금만 힘을 가하더라도 볼이 멀리까지 굴러가기 때문에 '만약 오버한다면……' 등의 생각이 들기 쉽다. 페이스를 그대로 유지하겠다는 것에만 신경을 집중시킬 수 있다면 압박감을 느낄 필요가 없을 것이다.

압박감 속 스윙에서의 주의사항

압박감을 느끼는 상황에서는 대부분 결과에만 신경이 쏠린 나머지, 임팩트 전에 볼의 행방을 쫓는 등 대체적으로 스윙 리듬이 흐트러진다. 볼에서 시선을 떼지 않은 채, 임팩트를 의식하는 스윙이 되도록 주의를 기울인다.

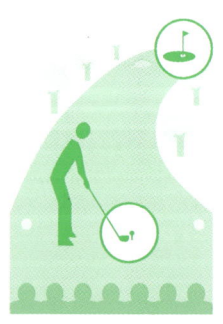

Check! 57
난이도 ★ ★ ★

코스편

거리에 대한 압박감

멘탈 Mental

Q
압박감을 가장 심하게 느껴야하는 상황은?

● 어려운 상황에 처했을 때, 생각하기에 따라 압박감을 느끼는 정도가 다르다.

계곡을 넘겨야 할 때 **A**

연못을 넘겨야 할 때 **B**

벙커를 넘겨야 할 때 **C**

해답 57 코스편
압박감을 가장 심하게 느껴야하는 상황은?

A 계곡을 넘겨야 할 때
미스 샷에 대한 리스크가 큰 상황일수록 느끼는 압박감의 강도도 클 것이다. 계곡을 넘겨야 하는 상황에서 미스 샷이 나서 볼이 계곡에 빠졌을 때는 1벌타를 더한 후 원래 위치에서 다시 샷을 하여야 한다.

B 연못을 넘겨야 할 때
계곡을 넘겨야 하는 샷과 마찬가지로 미스가 났을 때는 1벌타를 더해야 하지만, 룰에 의해 정해놓은 지점에 볼을 드롭한 후 경기를 재개하기 때문에 계곡을 넘겨야 하는 샷에 비해 느끼는 압박감의 정도는 약간 덜 할 것이다.

C 벙커를 넘겨야 할 때
아직 볼이 벙커에 빠진 상태가 아니며, 설사 미스 샷이 나 벙커에 볼이 빠지더라도 벌타는 없기 때문에 스스로 압박감을 느낄 필요가 없다. 벙커 샷에 대한 걱정은 볼이 실제로 빠진 후에 하더라도 늦지 않다.

스윙의 리듬을 유지한다

압박감을 느끼는 상황은 골퍼에 따라 천차만별이지만, 한 가지 공통점은 그러한 상황에 익숙해져 있지 않아서인지 자신도 모르게 스윙 리듬이 빨라지고 손과 팔만을 이용한 스윙을 한다는 것이다. 그러한 상황일수록 몸 전체를 사용하고 스윙을 천천히 하기를 권한다.

Check! 58
난이도 ★ ★ ★

코스편
퍼팅의 압박감

멘탈 Mental

Q
1미터 버디 찬스에서 생각해야 할 것은?

퍼팅이야말로 스코어 향상과 직접적으로 관계가 있으므로 그만큼 압박감을 느끼는 상황도 많다.

A 집어넣는 것만 생각한다

B 굴리는 것만 생각한다

C 들어가지 않더라도 괜찮다고 생각한다

해답 58 코스편
1미터 버디 찬스에서 생각해야 할 것은?

A

집어넣는 것만 생각한다
의욕이 넘친 나머지 임팩트 때 힘 조절이 어려워지며 거리감이 나빠진다. 3퍼팅을 주의한다.

B

굴리는 것만 생각한다
퍼팅에 대한 이런저런 생각을 하는 것보다는 오로지 볼을 잘 굴려보겠다는 생각만 가질 수 있다면 압박감에서 해방될 수 있다.

C

들어가지 않더라도 괜찮다고 생각한다
여유 있게 퍼팅을 한다고 생각할 수도 있겠지만 소극적인 자세다. 3퍼팅을 두려워하지 않도록 한다.

다다르지 않으면 들어가지 않는다

기회가 찾아왔을 때는 신중하게, 위기에 처했을 때는 침착하게 '홀 컵에 다다르지 않으면 들어가지 않는다'란 말을 잊지 말고 퍼팅에 임하도록 한다.

Check! 59
난이도 ★ ★ ★

코스편
동반 경기자
멘탈 Mental

Q
좋은 스코어를 내는 데 도움이 되는 동반 경기자는?

● 동반 경기자에 따라 경기 스타일이나 샷이 달라지는 경우가 종종 있다.

A 자신보다 실력이 뛰어난 사람

B 자신보다 실력이 떨어지는 사람

C 자신과 실력이 비슷한 사람

해답 59 코스편
좋은 스코어를 내는 데 도움이 되는 동반 경기자는?

A

⭕ **자신보다 실력이 뛰어난 사람**

실력이 뛰어난 골퍼는 대체적으로 라운드 리듬도 좋기 때문에 함께 라운드를 하면 덩달아 리듬과 스코어가 좋아지는 경향이 있다. 샷, 퍼팅, 어드레스, 코스 전략 등 상급자의 기술이나 매너를 적극적으로 따라하도록 한다.

B

 **자신보다 실력이 떨어지는 사람**

덩달아 미스 샷이 나는 경우도 많으므로 자신의 플레이에 집중하길 바란다. 간혹, 초심자를 도와주거나 배려를 하는 것으로 인해 오히려 여유가 생겨 스코어가 좋아지는 경우도 있다.

C

 **자신과 실력이 비슷한 사람**

실력이 비슷한 골퍼와의 라운드를 서로 상대방을 의식하기 때문에 평소 때보다 기복이 심한 스코어가 되기 쉽다. 항상 수준 높은 라운드를 하도록 노력한다.

동반 경기자의 라운드를 보는 것도 골프 실력 향상의 지름길

골프 실력이나 스타일은 각인각색이다. 동반 경기자의 경기 스타일을 찬찬히 살펴보면서 분석을 해보는 것도 자신의 골프 실력 향상에 많은 도움이 된다. 기술적인 부분뿐만 아니라 스윙 리듬, 밸런스, 스윙을 하기까지의 동작(루틴), 이동 시의 발걸음 등에 대해서도 살펴보도록 한다.

Check! 60
난이도 ★ ★ ★

코스편
백스핀

지식 Knowledge

Q
볼에 백스핀을 걸기 위한 조건은?

●
그린에 낙하한 볼이 날아간 방향의 반대 방향으로 회전하면서 굴러가는 것을 백스핀이라고 한다.

부드러운 그린 — A

기술 — B

도구 — C

해답 60 [코스편]
볼에 백스핀을 걸기 위한 조건은?

부드러운 그린
그린이 부드러울수록 백스핀을 걸기 쉽지만, 백스핀을 걸 수 있는 클럽과 볼을 사용하였을 때에 한정되는 이야기다.

기술
특별한 기술은 필요 없다. 클럽 헤드가 바른 입사각(예각)을 유지하면 볼에 백스핀은 저절로 걸린다. 단, 클럽 길이가 길수록 백스핀을 걸기 힘들다.

도구
로프트 각이 큰 클럽(웨지나 숏 아이언)과 스핀이 잘 걸리는 볼을 사용하면 볼의 회전량이 많아져 백스핀이 걸린다. 단, 클럽 헤드의 바른 입사각(예각)과 적당한 헤드 스피드가 필요하다.

용도에 따라 볼을 선택한다

골프 볼을 재질에 따라 분류해보면, 비거리를 내기 위하여 딱딱한 커버를 사용하여 스핀량을 억제한 디스턴스형 볼, 볼 컨트롤을 용이하게 하기 위하여 부드러운 커버를 사용하여 스핀량을 늘린 스핀형 볼이 있다.

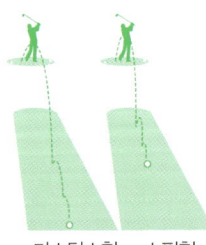

디스턴스형 스핀형

Check! 61

난이도 ★ ★ ★

코스편

복장

멘탈 Mental

Q 의상을 선택할 때 가장 먼저 고려해야 할 것은?

● 디자인과 기능성이 뛰어난 골프웨어가 많이 시판되고 있다.

A 패션

B 기능성

C 날씨

해답 61 코스편
의상을 선택할 때 가장 먼저 고려해야 할 것은?

A

패션
마음에 드는 옷을 입고 마음껏 라운드를 즐기도록 한다. 골프웨어 전문 메이커가 만든 옷이라면 어떤 옷이든지 무난할 것이다.

B

기능성
최근 디자인이나 색감은 물론 기능성을 중요시한 제품들이 많이 나오고 있다. 예를 들어, 세로나 가로의 움직임에 재빨리 반응하는 소재, 통기성이나 보온성이 뛰어난 소재로 만들어진 골프웨어 등이 많이 시판되고 있다.

C

날씨
골프는 자연 속에서 즐기는 스포츠다. 즐거운 라운드를 위해서라도 골프웨어 선택 시 기후를 최우선으로 생각하길 바란다. 라운드 전날은 반드시 일기예보를 통해 최저 기온과 최고 기온을 확인한다. 그리고 캐디백 속에 우의를 넣어두면 갑작스런 비나 기온 변화에 적절하게 대처할 수 있다.

옷차림도 중요하다

주위 사람들을 배려하는 여유가 있다면 복장, 태도, 라운드 속도 등에도 주의를 기울이기 마련이다. 옷차림을 비롯한 에티켓, 매너를 소중히 생각하면서 모든 플레이어가 즐거움과 행복을 느낄 수 있는 라운드를 하도록 노력한다.

Check! 62

난이도 ★ ★ ★

코스편
수분 보충

지식 Knowledge

Q
여름철 라운드 후반에 최적인 음료수는?

● 라운드 중의 수분 보충은 목이 말랐다고 느낄 때가 아니라 계획적으로 하는 것이 중요하다.

A 찬물

B 커피나 주스

C 스포츠 드링크

해답 62 코스편
여름철 라운드 후반에 최적인 음료수는?

찬물
오전 중에는 찬물도 무난하지만, 오후에 접어들면 땀과 함께 배출된 이온(전해질)이나 미네랄을 물만으로는 보충할 수 없다.

커피나 주스
커피나 녹차 등에 함유되어 있는 카페인은 중추신경을 자극하여 흥분시키는 작용을 한다. 주스에는 당분이 함유되어 있기 때문에 더 갈증을 느끼게 만들어 수분 보충에 적절한 음료수라 할 수 없다.

스포츠 드링크
스포츠 드링크는 땀에 의해 배출된 수분과 이온을 보충하는 역할을 한다. 라운드 중에는 적절한 간격으로 수분을 보충하도록 한다.

일사병에 대비한다

더운 여름철에는 일사병에 주의를 기울여야 한다. 자외선이 차단되는 셔츠나 모자를 착용하고, 이동 중에는 직사광선을 피하기 위해 양산을 쓰는 것도 효과적이다.

Check! 63
난이도 ★ ★ ★

코스편

영양 보충

지식 Knowledge

Q
라운드가 남아 있을 때의 최적의 점심 메뉴는?

●
골프에서는 한 번의 라운드에 약 500~1000Kcal가 소비되므로, 영양 보충도 스코어 향상에 필수적인 요소다.

카레라이스 **A**

국수, 우동 **B**

스테이크, 불고기 **C**

해답 64 코스편
라운드가 남아 있을 때의 최적의 점심 메뉴는?

A  카레라이스
카레라이스는 무엇보다 주문 후 음식이 빨리 나오며, 야채 등 충분한 영양분을 함유하고 있지만, 함께 들어있는 고기가 소화를 방해하기 때문에 점심 식사로는 별로 권하지 않는다.

B  국수, 우동
아침 식사를 잘 챙겨 먹은 후, 점심 식사는 우동이나 국수 등 소화가 잘 되는 면 종류로 선택하여 천천히 먹을 것을 권한다. 코스가 많이 밀려있을 때를 대비하여, 젤리로 만든 영양식이나 과일을 지참하는 것도 영양 보충에 도움이 된다.

C  스테이크, 불고기
소고기는 우동에 비해 8배나 소화되는 속도가 늦다고 한다. 시간을 두고 먹는다면 힘도 보충되겠지만, 제한된 점심 식사 시간에 소화를 시키는 것은 어려운 일이며, 남은 라운드를 위해서는 권하지 않는다.

라운드 당일의 아침 식사

코스로 이동하는 차 안에서나 편의점 등에서 간단히 식사를 마치는 경우가 많이 늘어났지만, 아침 식사는 탄수화물 섭취와 소화가 잘 되는 음식 위주로 밥, 된장국, 구운 생선, 과일 등이 좋다. 그리고 평소에 아침 식사를 꼭 챙겨 먹은 뒤 라운드하는 습관을 가지는 것이 좋다.

Check! 64

난이도 ★ ★ ★

자택편
어깨 근육, 어깨 관절의 유연성

지식 Knowledge

Q
어깨 회전을 좋게 하는 스트레칭은?

손목을 위아래로 회전한다

팔을 좌우로 비틀어 돌린다

몸을 좌우로 늘인다

● 스트레칭을 통해 스윙에 필요한 어깨 근육과 어깨 관절의 유연성을 기를 수 있다.

해답 64

자택편
어깨 회전을 좋게 하는 스트레칭은?

⭕ 손목을 위아래로 회전한다

이 스트레칭은 어깨 회전에 필요한 견관절과 그 주위의 근육을 풀어주는 효과가 있다. 평소에 이 부분을 움직여주는 습관을 갖도록 한다. 그리고 스트레칭을 할 때 급하게 힘을 주거나 무리하게 움직이면 부상의 위험이 있으므로 천천히 시작하도록 한다.

△ 팔을 좌우로 비틀어 돌린다

클럽을 위로 들어 올릴 때 필요한 삼각근의 스트레칭에 해당한다. 쭉 뻗은 팔의 손바닥을 위로 향하게 하는 것이 포인트다. 양 어깨를 연결한 선이 지면과 평행이 되도록 등을 쭉 편 상태에서 스트레칭을 한다.

△ 몸을 좌우로 늘인다

상체를 비틀 때 필요한 복사근 스트레칭에 해당한다. 펴고 싶은 팔을 반대쪽 팔을 이용하여 쭉 당긴 후, 5초에서 10초 정도 정지한다. 이 때 몸을 앞뒤로 기울이지 말고 똑바로 옆으로 천천히 기울이도록 한다.

유연한 스윙을 위해 필요한 부위

골프는 전신의 유연성을 필요로 하는 운동이다. 특히, 몸통 주위가 안정되어 있지 않으면, 정확한 샷을 기대하기 어려우며, 강한 스윙 또한 구사할 수 없다. 평소에 복사근, 극하근, 삼각근, 광배근 등을 잘 단련해 두자.

복사근 / 삼각근 / 극하근 / 광배근

Check! 65

난이도 ★ ★ ★

자택편
비거리 향상을 위한 트레이닝

지식 Knowledge

Q 비거리 향상에 가장 효과적인 트레이닝은?

● 비거리를 늘리기 위해서는 기술적인 훈련은 물론 근력과 유연성을 향상시키는 운동이 필요하다.

A 스쿼트

B 팔굽혀펴기

C 윗몸일으키기

해답 65

자택편

비거리 향상에 가장 효과적인 트레이닝은?

A

스쿼트

복근만큼은 아니지만 하반신을 강화하면 비거리가 늘어난다. 상반신의 스윙 폭이나 스윙 밸런스를 견뎌내는데 도움이 되는 하반신 트레이닝을 하는 것이 좋다.

B

팔굽혀펴기

골프 스윙은 몸의 회전을 이용하는 운동이기 때문에 팔 근육을 단련한다 하더라도 비거리 향상과는 별로 관계가 없다.

C

윗몸일으키기

몸의 회전을 이용하여 힘을 발생시키고, 클럽 헤드에 스피드를 가하여 비거리를 내는 데는 몸통 주위를 단련시키는 복근 운동이 가장 효과적이다.

집에서 몸 단련하기

스윙에 필요한 근력과 유연성을 기르기 위해서는 트레이닝과 스트레칭을 병행하는 것이 효과적이다. 트레이닝을 하고 나서 샤워나 목욕을 하고, 그 후에 스트레칭을 하는 습관을 가지자.

Check! 66

난이도 ★ ★ ★

자택편
스윙 축

스윙 Swing

Q

머리를 벽에 댄 상태에서 섀도 스윙을 하면?

머리가 벽에서 떨어진다

머리를 벽에 댄 채 스윙을 할 수 있다

다운 스윙 때 손이 벽에 닿는다

●
스윙을 할 때 가장 명심해야 될 사항은 스윙 축이 흔들리지 않아야 한다는 점이다.

해답 66

자택편
머리를 벽에 댄 상태에서 섀도 스윙을 하면?

머리가 벽에서 떨어진다
볼의 윗부분을 가격하여 토핑이나 볼이 굴러가기만 하는 미스 샷이 날 가능성이 많은 자세로, 상체가 일어선 상태로 스윙을 하고 있는 것이다. 벽에 약간 기댈 수 있도록 발가락 끝에 체중을 싣고 스윙을 한다.

A

머리를 벽에 댄 채 스윙을 할 수 있다
어드레스 시 상체 자세와 스윙 축을 유지한 올바른 스윙 자세다. 스윙 축이 흔들리면 샷의 방향성이 나빠지며, 심한 경우에는 볼을 맞히는 것조차 어려워진다. 집에서 반복적으로 연습을 하면 올바른 스윙 축을 익힐 수 있다.

B

다운 스윙 때 손이 벽에 닿는다
훅, 뒤땅, 생크와 같은 미스 샷이 잘 나오는, 손만을 이용한 샷을 하고 있는 것이다. 팔의 간격을 조금 좁히고, 어깨를 평행하게 회전시키겠다는 것만 생각하면서 스윙을 하도록 한다.

C

숏 퍼팅 연습

벽에 머리를 댄 상태에서 퍼팅 연습을 하면 어깨 관절과 어깨 주변의 근육을 움직이는 것이 힘들어지지만, 척추의 축 중심의 바른 스윙 궤도를 익힐 수 있다. 숏 퍼팅 때 헤드업하기 쉬운 골퍼들에게 효과적인 연습법이다.

Check! 67

난이도 ★ ★ ★

자택편

몸의 회전

스윙 Swing

Q

엉덩이를 벽에 댄 상태에서 섀도 스윙을 하면?

●
스윙에서 어깨 회전이 중요한 사항이지만, 상반신과 하반신의 회전의 차도 중요한 항목이다.

엉덩이를 벽에 댄 채 스윙을 할 수 있다

A

엉덩이가 가끔씩 벽에서 떨어진다

B

스윙을 하면 언제나 엉덩이가 벽에서 떨어진다

C

해답 67 자택편
엉덩이를 벽에 댄 상태에서 섀도 스윙을 하면?

A: 엉덩이를 벽에 댄 채 스윙을 할 수 있다

테이크 백 과정에서는 오른쪽 엉덩이, 다운 스윙 때는 좌우 엉덩이, 임팩트에서 폴로스루 때는 왼쪽 엉덩이가 벽에 닿아 있는 것이 바른 허리 회전이다.

B: 엉덩이가 가끔씩 벽에서 떨어진다

허리가 너무 돌아가 버린 증거다. 하반신의 움직임을 정지시킨 채, 상반신을 비틀어야 한다. 오른쪽 무릎을 굽힌 상태를 유지하면서 어깨만 돌리겠다는 이미지를 떠올리면 증상이 많이 호전된다.

C: 스윙을 하면 언제나 엉덩이가 벽에서 떨어진다

몸 중심이 너무 앞쪽에 쏠려있는 것이다. 벽에 약간 기댄 듯한 자세를 취하고 중심을 발뒤꿈치에 두고 연습한다.

상반신과 하반신의 비틀림으로 파워가 생긴다

이 연습 방법을 통하여 스윙에 필요한 몸의 비틀림을 체험하길 바란다. 상반신과 하반신이 비틀림으로써 클럽 헤드에 힘이 전달된다. 자택에서의 반복적인 연습을 통해 스윙에 필요한 근력 향상은 물론 안정된 스윙을 익히도록 한다.

Check! 68

난이도 ★ ★ ★

자택편
다운 스윙의 시작

스윙 Swing

Q
거울에 비친 임팩트 때의 배꼽의 위치는?

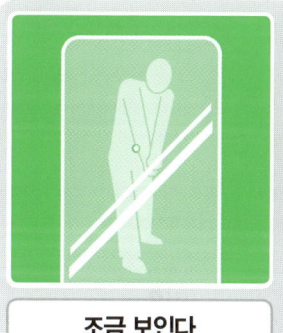

조금 보인다

A

잘 보인다

B

보이지 않는다

C

●
허리 회전을 이용해 다운 스윙을 하면, 임팩트 때 배꼽은 언제나 일정한 방향을 향한다.

해답 68 자택편
거울에 비친 임팩트 때의 배꼽의 위치는?

A **조금 보인다**

올바른 상체의 각도를 유지한 채 스윙을 가져가면, 몸(어깨와 허리)은 왼쪽으로 회전을 하기 때문에 임팩트 때 배꼽은 왼쪽 아래 방향을 향한다.

B **잘 보인다**

상체가 일어선 상태이다. 이 상태에서 임팩트를 맞이하면 클럽 페이스가 목표보다 오른쪽을 향하기 때문에 볼이 오른쪽으로 날아가며, 상체가 일어선 상태이기 때문에 토핑이 나기 쉽다.

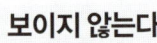

C **보이지 않는다**

몸의 회전이 전혀 없고, 팔만을 이용한 스윙을 하고 있는 것이다. 몸 회전이 정지한 상태에서 임팩트를 맞이하면, 클럽 페이스가 목표 방향보다 왼쪽을 향하기 때문에 볼이 왼쪽으로 날아간다.

배꼽을 왼쪽으로 돌린다

다운 스윙 동작의 시작은 허리부터 시작하고, 허리를 돌려야 한다는 조언을 자주 듣지만, 스윙 중에 허리를 돌리는 것은 매우 어려운 동작이므로 배꼽을 왼쪽으로 돌린다는 이미지를 가지고 스윙을 하면 효과적이다.

Check! 69

난이도 ★ ★ ★

자택편
팔 사용법

스윙 Swing

Q

양손의 간격을 띄운 상태에서 수건을 잡고 임팩트 동작까지 했을 때 수건의 상태는?

●

다운 스윙을 할 때 바른 양팔의 사용법을 익혀두도록 한다.

A 느슨한 상태

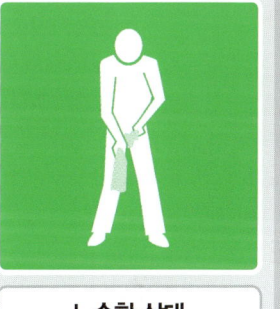

B 쭉 펴진 상태

C 비구선 방향을 향함

해답 69

자택편

양손의 간격을 띄운 상태에서 수건을 잡고 임팩트 동작까지 했을 때 수건의 상태는?

느슨한 상태

수건이 느슨한 상태는 왼 팔꿈치를 잡아당긴 나머지 왼팔이 굽은 상태가 된다. 임팩트 때에는 왼 팔꿈치가 곧게 펴지고 왼팔이 닫힌(겨드랑이가 붙은) 상태여야 한다.

쭉 펴진 상태

다운 스윙 때 팔의 움직임이 바르면 임팩트에서 폴로 스루에 이르기까지 수건이 쭉 펴진 상태가 되며, 오른팔이 왼팔을 추월하는 형태가 된다.

비구선 방향을 향함

수건이 비구선 방향을 향한 경우는 왼팔 그립이 비구선 방향으로 너무 나간 상태이며, 오른팔을 곧게 펴지 않았다는 증거다.

수건을 이용하여 바른 팔 사용법을 익힌다

수건을 이용한 팔 동작 연습을 하면, 다운 스윙에서 왼팔부터 내렸을 때 오른팔이 팽팽하게 당겨진 듯한 느낌과 임팩트 때 오른팔이 왼팔을 추월하는 동작을 익힐 수 있다.

Check! 70

난이도 ★ ★ ★

자택편

테이크 백의 궤도

스윙 Swing

Q

손전등을 잡은 채 테이크 백을 하면?

●
스윙의 시작점이 되는 테이크 백 동작에서는 클럽 헤드를 뒤로 빼는 방향이 중요하다. 손전등과 볼을 사용하여 테이크 백의 궤도를 확인한다.

볼과 평행

A

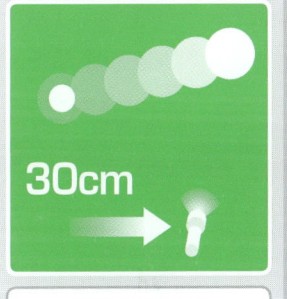

볼의 오른쪽 위

B

볼의 오른쪽 아래

해답 70

자택편

손전등을 잡은 채 테이크 백을 하면?

볼과 평행

테이크 백은 손만 사용하지 않고 후방 약 30센티미터 지점까지 클럽 헤드를 곧바로 빼는 것이 중요하다. 이 동작을 정확하게 익혀두면 백스윙과 톱 오브 스윙 동작을 정확하게 가져갈 수 있다.

볼의 오른쪽 위

팔만 이용하여 클럽 헤드를 들어 올렸다는 증거다. 이 상태에서는 다운 스윙 때 클럽 헤드가 몸 바깥쪽에서 내려오는 아웃사이드 인 궤도가 되며, 슬라이스 또는 훅의 원인이 된다.

볼의 오른쪽 아래

너무 스윙 플레인을 의식하고 있다는 증거다. 이 상태에서는 다운 스윙 때 클럽 헤드가 몸 안쪽에서 내려오는 인사이드 아웃 궤도가 되며, 뒤땅이나 오른쪽을 향하는 볼이 나기 쉽다.

벽과 바닥의 접선을 이용하여 테이크 백을 연습한다

테이크 백을 곧바로 뒤로 빼지 못하는 골퍼는 손전등의 빛을 벽과 바닥의 접선에 맞춘 후, 오른쪽 방향으로 30센티미터를 곧게 비추는 연습을 하도록 한다.

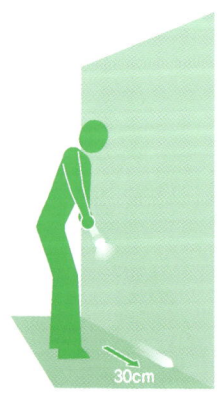

Check! 71
난이도 ★ ★ ★

자택편

다운 스윙의 궤도

스윙 Swing

Q
손전등을 잡은 채 다운 스윙을 하면?

●
다운 스윙에서 임팩트까지의 클럽 헤드의 궤도는 중요하다. 손전등과 볼을 사용하여 다운 스윙의 궤도를 확인하도록 한다.

A 볼과 평행

B 볼의 왼쪽 아래

C 볼의 왼쪽 위

해답 71

자택편
손전등을 잡은 채 다운 스윙을 하면?

 **볼과 평행**
자세가 바로 유지된 상태이며, 스윙 궤도가 도중에 변하지 않는 스윙을 하고 있다. 바른 임팩트 존(일직선)을 만들기 위해서는 바른 테이크 백과 어드레스가 필요하다.

 **볼의 왼쪽 아래**
머리가 왼쪽으로 움직였거나 팔만 사용한 다운 스윙을 하고 있다는 증거이며, 이 자세에서는 클럽 헤드가 몸 바깥쪽에서 내려오는 아웃사이드 인 궤도가 되어 슬라이스나 훅이 나기 쉽다.

 **볼의 왼쪽 위**
팔이 몸에서 너무 떨어졌거나 자세가 일어선 상태에서의 다운 스윙을 하고 있다는 증거이며, 이 자세에서는 클럽 헤드가 몸 안쪽에서 내려오는 인사이드 아웃 궤도가 되어 뒤땅이 나거나 볼이 오른쪽으로 날아가기 쉽다.

벽과 바닥의 접선을 이용하며 다운 스윙을 연습한다

임팩트 존이 일직선이 되지 않는 골퍼는 손전등의 빛을 벽과 바닥의 접선에 맞춘 후, 왼쪽 방향으로 일직선으로 비추는 연습을 하도록 한다.

Check! 72

난이도 ★ ★ ★

자택편

퍼팅

스윙 Swing

Q
두 개의 볼을 동시에 퍼팅하면?

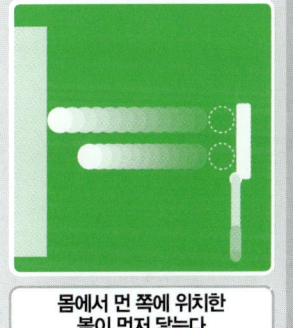

A 두 개의 볼이 동시에 닿는다

B 몸에서 먼 쪽에 위치한 볼이 먼저 닿는다

C 몸에서 가까운 쪽에 위치한 볼이 먼저 닿는다

●
퍼팅에서 볼을 일직선으로 굴리기 위해서는 퍼터 페이스의 방향이 중요하다.

해답 72

자택편
두 개의 볼을 동시에 퍼팅하면?

A
두 개의 볼이 동시에 닿는다

임팩트 때 페이스가 볼에 대해 직각으로 닿는, 바른 스트로크를 했다는 증거다. 이 각도를 유지한 상태에서 임팩트를 가하면 페이스의 중심에 볼이 닿기 때문에, 볼에 순회전이 걸려 매끄럽게 볼이 굴러간다.

B
몸에서 먼 쪽에 위치한 볼이 먼저 닿는다

그립을 잡는 힘이 오른손에 더 들어갔다는 증거이며, 임팩트 때 페이스가 왼쪽을 향하는 스트로크가 되어 볼이 왼쪽으로 굴러간다.

C
몸에서 가까운 쪽에 위치한 볼이 먼저 닿는다

팔꿈치 또는 어깨에 너무 힘이 들어가 있다는 증거이며, 임팩트 때 페이스가 오른쪽을 향하는 스트로크가 되어 오른쪽으로 볼이 굴러간다.

스트로크 연습 방법

볼 두 개를 이용한 스트로크 연습을 반복한 후 볼 한 개로 퍼팅 연습을 하면, 퍼팅감이 가볍다는 느낌이 들며 스트로크도 순조롭게 잘 된다. 이 연습을 통해 당겨치거나 밀어쳤을 때의 동작을 체험할 수 있으며, 수정을 통해 바른 스트로크 동작을 익힐 수 있다.

골프 용어
GOLF TERMS

● **가드 벙커 (Guard Bunker)**
그린 주위에 배치되어 있는 벙커.

● **국외자 (Outside Agency)**
매치 플레이에서는 해당 매치와 관계없는 사람, 스트로크 플레이에서는 경기자 이외의 사람. 예를 들어, 심판원, 관중, 포어 캐디 등이며 까마귀, 오리 등 동물들도 이에 포함된다.

● **그라스 벙커 (Grass Bunker)**
풀로 덮여 있는 움푹 패인 장소로, 벙커에 풀이 자라있는 것처럼 보이지만 해저드는 아니다. 벙커에서는 클럽의 소울 부분을 지면에 대는 것이 금지되어 있지만, 그라스 벙커에서는 소울이 지면에 닿더라도 관계없다.

● **그로스 (Gross)**
18홀에서 친 타수의 합계.

● **그린 피 (Green Fee)**
코스 사용료.

● **넥 (Neck)**
클럽 샤프트와 헤드를 연결하는 부분. 소켓이라고도 한다.

● **넷 (Net)**
18홀의 총 타수(그로스)에서 핸디캡을 뺀 수.

● **니어 핀 (Near Pin)**
파3홀에서 샷한 볼이 정지한 그린의 지점과 핀과의 거리의 길고 짧음을 재는 경기.

● **니어리스 포인트 (Nearest Point of Relief)**
구제 조치를 받을 경우 기준이 되는 지점을 말한다. 홀에 근접하지 않으면서 샷하는 데 지장이 없는 지점 중 어드레스를 취할 수 있는 가장 가까운 지점.

● **다운블로 (Down Blow)**
클럽 헤드를 위에서 아래로 예각을 유지한 채 내리는 것.

● **더블 보기 (Double Bogey)**
해당 홀의 규정 타수(파)보다 2타 많은 스코어로 홀 아웃하는 것.

● **도그 레그 홀 (Dog Leg Hole)**
페어웨이가 강아지의 뒷다리처럼 좌우로 크게 휘어져 있는 홀.

● **드라이버 (Driver)**
1번 우드의 별명.

● **드라이빙 콘테스트 (Driving Contest)**
비거리를 다투는 경기.

● **드로 (Draw)**
샷한 볼이 낙하지점에 근접함에 따라 조금 왼쪽으로 굽어지는 성향을 가진 구질(오른 손잡이의 경우). 반대의 구질을 페이드라고 한다.

● **드롭 (Drop)**
규정에 의해 볼을 주운 후, 정해진 범위 내의 장소에 어깨 높이 정도의 위치에서 볼을

골프용어집

떨어뜨리는 행위. 연못 등에 볼이 들어간 경우에 구제 조치로서 사용된다. 드롭한 볼이 정지한 지점에서 플레이를 재개한다.

● **디보트** (Divot)
아이언 샷 후 떨어져 나간 잔디. 움푹 패인 장소는 디보트 흔적이라 한다.

● **라이** (Lie)
볼이 정지해 있는 장소와 그 지면이나 잔디의 상태. 볼이 치기 어려운 장소에 정지해 있을 경우 '라이가 나쁘다' 라고 한다.

● **라이 각도** (Lie Angle)
클럽 헤드(소울)와 샤프트가 이루는 각.

● **러프** (Rough)
페어웨이의 바깥쪽의 잔디가 길게 자라있는 부분. 러프에 빠진 볼은 정확하게 때리기가 어렵다.

● **런** (Run)
볼이 낙하지점에서 굴러가는 것.

● **럽 오브 더 그린** (Rub of the Green)
움직이고 있는 볼이 우연히 국외자에 의해 방향이 바뀌거나 정지해버린 경우를 말한다.

● **로스트 볼** (Lost Ball)
잃어버린 후 5분 이내에 찾아내지 못한 볼은 로스트 볼로 간주한다. 찾더라도 자신의 볼인지 확인이 불가능할 때에도 로스트 볼이 된다.

● **로컬 룰** (Local Rules)
정규 룰에 없는, 코스의 경기 위원이 제정한 해당 코스만의 규칙. 로컬 룰에 비해 본 규칙을 제너럴 룰이라고 한다.

● **로프트** (Loft)
클럽 페이스의 경사각도. 각도가 클수록 볼이 높이 뜬다.

● **롱 아이언** (Long Iron)
1~3번 아이언.

● **루스 인페디먼트** (Loose Impediment)
땅에 떨어져 있는 돌, 나뭇잎, 가지, 벌레, 벌레의 분비물, 소나 말의 똥 등 고정되어 있지 않고 볼에 붙어있지 않은 자연물을 말한다. 해저드 이외의 장소에서는 루스 인페디먼트를 제거한 후 볼을 치는 것이 가능하다.

● **리딩 에지** (Leading Edge)
아이언의 페이스와 소울의 경계선.

● **리플레이스** (Replace)
마크한 볼을 원래 위치에 놓는 행위.

● **릴리스** (Release)
다운 스윙에서 손목을 펴는 동작.

● **마커** (Marker)
경기를 할 때, 스코어 카드를 플레이어 대신에 기입하는 사람. 통상은 같은 조의 플레이어가 서로 기입하도록 경기 위원이 지정한다. 또는 그린에서 볼을 집어 올릴 때, 원래의 위치를 명확히 하기 위하여 사용하는 도구.
- **마크 (Mark)**

그린에서 볼을 집어 올릴 때, 원래의 위치를 명확히 하기 위하여 도구를 놓는 행위.
- **멤버 (Member)**

회원제 골프장의 회원.
- **미들 아이언 (Middle Iron)**

4~6번 아이언
- **버디 (Birdie)**

홀의 규정 타수(파)보다 1타 적은 타수로 그 홀을 홀 아웃하는 것.
- **버피 (Baffy)**

4번 우드의 별명.
- **벙커 레이크 (Bunker Rake)**

벙커 내의 모래를 정리할 때 사용하는 도구.
- **베어 그라운드 (Bare Ground)**

잔디가 없이 지면이 노출된 부분.
- **보기 (Bogey)**

규정 타수(파)보다 1스트로크 많은 스코어로 홀 아웃하는 것.
- **볼 마커 (Ball Marker)**

볼을 규칙에 의해 집어 올릴 때는 반드시 그 위치에 마크를 해야 한다. 마크를 할 때 사용하는 코인이나 플라스틱으로 만들어진 작은 물건을 볼 마커라고 한다. 볼 뒤에 마커를 놓고 볼을 집은 후, 본래 위치에 볼을 놓을 때에는 마커를 줍기 전에 볼을 먼저 놓아야 한다.
- **부비 (Booby)**

경기 결과 순위가 뒤에서 두 번째인 플레이어에게 주는 상.
- **부비 메이커 (Booby Maker)**

경기 결과 순위가 최하위인 플레이어.
- **비기너 (Beginner)**

골프 초심자.
- **비지터 (Visitor)**

골프장의 회원이 아닌 자 (비회원).
- **샌드 웨지 (Sand Wedge)**

벙커 샷 전용의 웨지. 바운스와 로프트를 크게 한 클럽.
- **생크 (Sank)**

스윙을 했을 때, 클럽 헤드와 샤프트의 접합 부분에 볼이 맞아 급하게 오른쪽으로 볼이 날아가는 미스 샷. 소켓이라고도 한다.
- **샤프트 (Shaft)**

클럽 헤드와 그립을 연결해주는 부분.
- **샤프트 플레인 (Shaft Plane)**

볼, 샤프트, 몸이 만드는 가상의 평면.
- **샷 (Shot)**

볼을 치는 것. 타수는 스트로크라 한다.
- **서브 그린 (Sub Green)**

골프용어집

그린이 두 개 있는 홀에서 당일 사용하지 않는 그린을 말한다.

● **센터 샤프트 (Center Shaft)**
클럽 헤드의 중심부에 샤프트가 부착된 퍼터의 스타일. 이런 구조가 허용되는 것은 퍼터뿐이다.

● **소켓 (Socket)**
클럽 헤드와 샤프트의 접촉부분의 명칭. 샷 도중 볼이 소켓에 닿으면 볼은 오른쪽으로 날아가며, 이를 소켓 또는 생크라 한다.

● **소울 (Sole)**
클럽 헤드의 밑부분. 이 부분을 지면에 대는 것을 '소울한다'라고 말한다.

● **숏 아이언 (Short Iron)**
7번이나 8번보다 짧은 클럽. 통상 롱 아이언이나 미들 아이언보다 헤드의 모양이 둥글고 크게 만들어져 있다. 컨트롤 샷을 구사할 때 주로 사용하며 다루기 쉽게 설계되어 있다.

● **스루 더 그린 (Through The Green)**
플레이 중인 홀의 티잉 그라운드와 그린, 해저드를 제외한 코스 내의 모든 장소를 지칭.

● **스웨이 (Sway)**
백스윙에서 신체의 축이 좌우로 많이 이동하는 것.

● **스퀘어 스탠스 (Square Stance)**
좌우 발뒤꿈치를 잇는 선과 비구선이 평행이 되는 스탠스.

● **스윙 플레인 (Swing Plane)**
어드레스 상태에서 볼과 양 어깨를 연결하는 가상의 평면. 또는 스윙 시 헤드가 통과하는 궤도에 의해 만들어진 면.

● **스크래치 (Scratch)**
핸디캡 없이 행하는 플레이. 핸디캡이 0인 골퍼를 스크래치 플레이어라고 한다.

● **스타이미 (Stymie)**
볼과 핀을 연결하는 비구선상에 나무나 숲 등의 장해물이 있는 상태.

● **스탠스 (Stance)**
어드레스 상태에서의 발의 위치.

● **스트로크 플레이 (Stroke Play)**
모든 홀의 합계 스트로크 수를 가지고 승패를 가리는 경기방법. 가장 스코어가 적은 사람이 우승. 메달 플레이라고도 한다.

● **스푼 (Spoon)**
3번 우드의 별명.

● **슬라이스 (Slice)**
때린 볼이 오른쪽으로 휘면서 날아가는 것. 왼손잡이의 경우는 왼쪽으로 볼이 휜다.

● **신페리어 방식 (New Peoria System)**
페리어 방식을 개량한 간이 핸디캡 산출법의 하나로, 더블 페리어라고도 부른다. 간이 산출법 중에서는 가장 공평한 방법이라고 한다.

골프용어집

● **싱글 플레이어 (Single Player)**
핸디캡이 한 자리수(1~9)인 플레이어.

● **아웃 코스 (Out Course)**
18홀 중의 전반 1번 홀에서 9번 홀.

● **아웃 오브 바운스 (Out Of Bounds, OB)**
플레이를 하는 것이 금지된 구역. 오비를 말한다. 오비의 경계선은 흰 말뚝 또는 흰 선으로 표시한다.

● **아웃사이드 인 (Outside In)**
클럽 궤도의 하나이며, 다운 스윙 시 클럽 헤드가 몸 바깥쪽에서 내려와 볼을 때린 후 폴로 스루 때 몸 안쪽으로 빠져나가는 궤도. 슬라이스가 나기 쉽다.

● **아이언 (Iron)**
헤드가 금속으로 만들어진 클럽의 총칭. 1~3번을 롱 아이언, 4~6번을 미들 아이언, 7~9번을 숏 아이언이라고 하며, 그외 피칭 웨지, 어프로치 웨지, 샌드 웨지도 같은 부류에 들어간다.

● **알바트로스 (Albatross)**
각 홀에 정해진 규정 타수(파)보다 3타 적은 스코어를 내는 것. 파5홀에서 제2타가 홀인하거나, 파4홀에서 홀인원을 기록하는 것.

● **야드 (Yard)**
골프에서 사용하는 거리의 단위. 1야드는 약 90센티미터.

● **야디지 (Yardage)**
코스 또는 홀의 야드로 잰 거리.

● **야디지 마커 (Yardage Marker)**
그린까지 남은 거리를 표시하기 위하여 심어 둔 나무나 말뚝 등.

● **어겐스트 윈드 (Against Wind)**
맞바람.

● **어드레스 (Address)**
스탠스의 위치를 정한 후, 클럽의 소울 부분을 지면에 댄 상태로 볼에 어드레스를 하였다고 한다. 벙커나 연못 등 해저드 안에서는 모래나 물에 소울을 대는 것이 금지되어 있기 때문에 스탠스를 정한 순간 어드레스를 한 것으로 간주한다.

● **어테스트 (Attest)**
증명하다란 뜻으로 스트로크 플레이의 경기 종료 후, 스코어에 잘못이 있는지 확인한 후 사인하는 것을 말한다.

● **어퍼블로 (Upper Blow)**
클럽 헤드가 스윙 궤도의 저점을 지난 (윗 방향인) 상태에서 볼을 때리는 것.

● **언더 파 (Under Par)**
18홀의 규정 타수(파)보다 적은 스코어로 홀 아웃하는 것.

● **언듈레이션 (Undulation)**
코스 내의 지표의 기복을 말한다.

골프용어집

- **에이지 슛 (Age Shoot)**
자신의 연령과 동일하거나 연령보다 낮은 타수로 18홀을 홀 아웃하는 것.
- **에지 (Edge)**
그린, 벙커 등의 가장자리. 예를 들어, 그린 에지에 볼이 정지했다는 말은 볼이 그린의 가장자리에 놓여있다는 말이다.
- **오구 (Wrong Ball)**
인 플레이 상태에서 자신의 볼 이외의 볼을 말한다.
- **오너 (Honor)**
제일 먼저 티샷을 할 권리를 가진 사람. 두 번째 홀부터는 직전 홀의 타수가 가장 적은 사람이 오너가 된다.
- **오케이 (OK)**
한 번의 퍼팅으로 홀 아웃하는 것이 확실하다고 동반 경기자가 판단하였을 때, 경기자의 퍼팅의 생략을 허락하는 것. 매치 플레이에서 주로 사용하며, 스트로크 플레이에서는 보통 사용하지 않는다.
- **오픈 스탠스 (Open Stance)**
볼과 목표 지점을 잇는 라인이 평행이 되도록 자세를 취하는 스퀘어 스탠스에 비하여 왼발을 조금 뒷쪽으로 빼는 스탠스.
- **워터 해저드 (Water Hazard)**
코스 내에 있는 바다, 호수, 연못, 강, 개울, 수로 등을 지칭하며, 황색의 말뚝 또는 선으로 표시한다. 이곳에 볼이 들어가 볼을 칠 수 없는 상황이면 1벌타를 더한 후, 원래의 장소 또는 해저드의 경계선을 넘은 지점과 홀을 잇는 후방선 상에 볼을 드롭한 후 다시 친다.
- **원 온 (One On)**
티 그라운드에서 티샷한 볼이 한 번에 그린에 올라간 것.
- **웨지 (Wedge)**
아이언 클럽의 한 종류로서 9번 아이언보다 길이가 짧고, 로프트와 헤드가 크며 무거운 클럽. 어프로치용의 피칭 웨지와 어프로치 웨지, 벙커용의 샌드 웨지가 있다.
- **이글 (Eagle)**
각 홀에 정해진 규정 타수(파)보다 2타 적은 스코어로 홀인하는 것. 파5홀에서 제3타가 홀인하거나, 파4홀에서 제2타가 홀인하거나, 파3홀에서 홀인원을 달성하면 이글이다.
- **이븐 파 (Even Par)**
18홀의 표준 타수와 동일한 타수로 홀 아웃하는 것. 보통 72 스트로크로 홀 아웃 하는 것을 말한다.
- **인 코스 (In Course)**
18홀의 후반 10번부터 18번 홀.
- **인사이드 아웃 (Inside Out)**

클럽 궤도의 하나이며, 다운 스윙 시 클럽 헤드가 몸 안쪽에서 내려와 볼을 때린 후 폴로 스루시 몸 바깥쪽으로 빠져나가는 궤도. 안쪽에서 바깥쪽으로 힘을 발산하는 몸의 움직임은 인사이드 아웃이라고 부른다. 훅이 나기 쉽다.

- **인 플레이 (In Play)**
티샷에서 홀 아웃까지.
- **임팩트 (Impact)**
스윙 도중에 클럽 페이스가 볼을 때리는 순간.
- **잠정구 (Provisional Ball)**
워터 해저드 이외의 장소에서 볼을 분실했거나, OB의 가능성이 있을 경우에, 별도의 볼을 잠정적으로 치는 것이 가능하며, 이 별도의 볼을 잠정구라고 한다. 그리고 OB나 분실구로 판명되었을 때에도, 잠정구를 사용하여 경기를 계속한다.
- **저중심 클럽 (Low Center of Gravity Club)**
고탄도성 볼이 쉽게 나오도록 중심을 클럽 헤드의 밑부분에 둔 클럽.
- **칩 인 (Chip In)**
칩 샷으로 그린 밖에서 한 번에 홀인 하는 것.
- **캐디 피 (Caddie Fee)**
캐디에게 지불하는 돈.
- **캐리 (Carry)**
스윙한 볼이 지상에 닿기까지의 체공 거리.
- **카트 (Cart)**
캐디 백 등을 실어 나르는 전동차. 휴대품에 포함된다.
- **캐주얼 워터 (Casual Water)**
강우 등으로 코스 내에 일시적으로 고인 물.
- **컴피티션 (Competition)**
시합을 말한다.
- **컵 (Cup)**
그린 위에 설치된 원통의 구멍. 컵 인이란 볼을 구멍 안에 넣은 것. 바른 명칭은 홀.
- **코크 (Cock)**
백스윙에서 손목을 꺾어 각도를 주는(만드는) 동작. 꺾은 손목을 펴는 것은 언코크라 한다.
- **크로스 벙커 (Cross Bunker)**
페어웨이를 가로지른 벙커. 페어웨이의 양측에 있는 벙커를 크로스 벙커라고 부르는 경우도 있으나, 엄밀하게 말하면 사이드 벙커이다.
- **클리크 (Cleek)**
5번 우드의 다른 말.
- **클럽 렝스 (Club Length)**
클럽의 길이.
- **클로즈드 스탠스 (Closed Stance)**
비구선과 평행이 되도록 자세를 취한 후, 오른발을 뒤쪽으로 뺀 상태를 말한다. 어깨와 허리는 비구선과 평행인 상태로 유지한다. 백스윙을

골프용어집

수월하게 할 수 있다.

● **터프 (Turf)**
잔디를 의미하는 것으로 아이언 샷 등에서 스윙 결과 잔디를 떠서 날려보내는 것을 '터프를 날린다'라고 한다.

● **토우 (Toe)**
클럽 페이스, 또는 클럽 헤드의 끝부분을 지칭한다. 반대를 힐이라고 부른다.

● **톱 (Top)**
클럽 헤드의 리딩 에지 부분에 볼의 윗부분이 닿아, 볼이 클럽의 로프트대로 날아가지 않는 (볼의 궤도가 낮은) 미스 샷.

● **톱 오브 스윙 (Top of Swing)**
백스윙에서의 정점.

● **트리플 보기 (Triple Bogey)**
규정 타수(파)보다 3타 많은 스코어로 홀인하는 것.

● **티 마커 (Tee Marker)**
티잉 그라운드에 설치되어 있는 티샷을 날릴 장소를 정해 둔 표식. 두 개의 마크를 잇는 선에서 후방으로 2클럽 길이 내의 장소에서 티업한 후 스윙을 한다.

● **티샷 (Tee Shot)**
플레이를 시작하는 샷. 통상적으로 볼을 티업한 후 치지만, 티업하지 않은 채 티잉 그라운드에서 치는 샷도 티샷이다.

● **티업 (Tee Up)**
티샷을 날리기 위하여, 목제 또는 플라스틱으로 만든 티펙 위에 볼을 올려놓는 것.

● **티잉 그라운드 (Teeing Ground)**
홀에서 제1타를 날리는 장소.

● **티펙 (Tee Peg)**
티샷을 할 때 볼을 올려 놓기 위하여 사용하는 소도구.

● **파 (Par)**
각 홀의 기준 타수.

● **파온 (Par On)**
홀의 규정 타수보다 2타 적은 타수로 그린에 볼을 올리는 것 또는 올린 경우.

● **페널티 (Penalty)**
규칙을 위반하였을 때 부과하는 벌타.

● **페어웨이 (Fairway)**
티잉 그라운드부터 그린 사이의 볼을 치기 수월하도록 잔디를 짧게 깎아놓은 구역을 말하며 스루 더 그린의 일부분.

● **페어웨이 우드 (Fairway Wood)**
페어웨이에서 주로 사용하는 우드 클럽의 총칭.

● **페이드 (Fade)**
샷한 볼이 낙하지점에 가까워짐에 따라 조금 오른쪽으로 굽는 구질을 말한다 (오른손잡이의

골프용어집

경우). 반대 성향의 구질을 드로라 한다.
- **페이스 (Face)**
클럽 헤드의 타구면.
- **포어 (Fore)**
볼이 너무 잘 맞아 엄청 거리가 나거나, 반대로 잘못 맞아 예상치 못한 방향으로 볼이 날아갈 때, 타구 사고를 방지하기 위하여 볼이 날아가는 방향에 있는 골퍼나 갤러리들을 향해 경고의 의미로 지르는 소리.
- **폴로 (Follow)**
뒷바람.
- **폴로 스루 (Follow Through)**
임팩트 후 연속되는 동작.
- **플레이스 (Place)**
규칙에 정해진 지점에 볼을 놓는 것.
- **피칭 웨지 (Pitching Wedge)**
로프트 각이 큰 어프로치용으로 만들어진 클럽.
- **핀 (Pin)**
홀의 위치를 나타내기 위하여 세워둔 깃대.
- **핸디캡 (Handicap)**
플레이어의 기량 차이를 균일하게 하기 위한 수치.
- **헤저드 (Hazard)**
코스 내에 있는 벙커나 물이 고여 있는 연못, 호수, 강 또는 바다.
- **홀 아웃 (Hole Out)**
볼을 홀에 집어넣은 것. 볼이 컵 밑바닥에 떨어져 정지한 시점에 그 홀의 플레이가 종료된다. 이것을 홀 아웃이라고 한다.
- **홀인원 (Hole in One)**
티샷이 직접 홀인하는 것. 별명 에이스.
- **훅 (Hook)**
왼쪽으로 휘면서 날아가는 볼. 왼손잡이의 경우는 오른쪽으로 휜다.
- **휴대품**
경기자가 코스내에 휴대한 모든 물건. 카트(전동차)도 포함된다.
- **힐 (Heel)**
클럽 헤드의 안쪽 밑부분. 샤프트와 클럽 헤드 연결부분 근처를 말한다.

맺는말

골프에서 스윙은 클럽이나 체형, 당일의 컨디션에 따라 변하기 마련이지만, 스윙의 기본은 언제나 동일합니다. 그러나 아마추어 골퍼들에게서 볼 수 있는 공통점 중의 하나가 이러한 스윙의 기본이 되는 자세, 밸런스, 센터 라인(축) 등이 일정하지 않은 것이며, 그 결과 라운드 중 갑자기 샷이 난조를 부리는 경우를 자주 목격하게 됩니다.

골프는 기본 연습을 반복적으로 하는 것으로 바른 몸 동작을 자연스럽게 익힐 수 있으며, 이와 같은 남다른 땀과 노력이 바탕이 되어야 라운드에서의 나이스 샷, 버디 등을 맛볼 수 있는 기회가 늘어나며, 베스트 스코어의 기쁨을 만끽하게 된다고 생각합니다.

저자는 골프에 입문한 지 어언 20년이 지났지만, 지금도 가끔씩 골프의 어려움을 느낍니다. 그렇지만 골프는 저에게 있어서 여전히 매력적인 존재임에 틀림없으며 앞으로도 골프를 통해 새로운 경험과 만남을 이어나갈 것입니다. 그리고 이 책이 독자 여러분의 골프에 대한 정열을 다시 한번 뜨겁게 달굴 수 있는 계기가 되었으면 하는 바람입니다.

마지막으로 이 책을 출판하는 데 많은 도움과 협력을 아끼지 않은 종합기획 편집장님을 비롯한 종합기획의 임직원과, 저의 골프 레슨에 참가하신 골퍼 여러분들께 심심한 감사의 말씀을 올립니다.

2009년 5월

오치 토시히로

골프 자기 진단

초판 인쇄 2010년 2월 25일
초판 발행 2010년 3월 5일
지은이 | 오치 토시히로
옮긴이 | 차병기
발행인 | 안창근
기획·편집 | 안성희
디자인 | JR 디자인
영업·마케팅 | 권순민, 김병국
펴낸곳 | 고려닷컴
출판등록 | 1980년 8월 4일 제1-38호
주소 | 서울시 마포구 서교동 464-59 서강빌딩 6층
전화 | 02 996 0715~6
팩스 | 02 996 0718
homepage | www.koryobook.co.kr
e-mail | koryo81@hanmail.net
ISBN 978-89-91335-19-6

*잘못된 책은 바꿔 드립니다.

3TAKU GOLF JIKO SHINDAN
ⓒ 2009 by Ochi Toshihiro All rights reserved.

No part of this book may be used or reproduced in any manner
whatsoever without written permission except in the case of brief quotations embodied in
critical articles and reviews.

Originally published in Japan by SOUGOU-KIKAKU INC.
Korean Translation Copyright ⓒ 2010 by KORYOMUNHWASA
Korean edition is published by arrangement with SOUGO-KIKAKU INC.
through BC Agency

이 책의 한국어판 저작권은 BC 에이전시를 통한 저작권자와의 독점 계약으로
고려문화사(고려닷컴)에 있습니다. 저작권법에 의해 한국 내에서 보호를 받는 저작물이므로
무단전재와 복제를 금합니다.

☐ 번외편

잘못하고 있는 사람은?

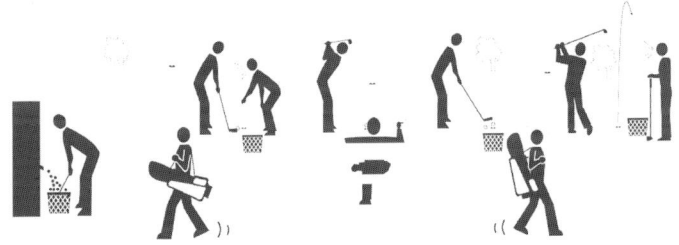

번외편 정답

GOOD!
이 자세가 캐디백을 메는 올바른 방법이다.

BAD!
캐디백을 메는 방법이 잘못되었다.